Die wahre Geschichte

Band VII

Das Buch basiert auf dem Hörfunkprogramm „DIE WAHRE GESCHICHTE" aus dem Hause FM Radio Network, ein Unternehmen der Klassik Radio AG und The Entertainment Council GmbH.

Gesamtleitung – Uli Kubak und Al Munteanu
Autorinnen – Regina Conradt und Sigi Boguschewsky-Kube
Redaktion – Regina Conradt
Photographie – Michael Haggenmüller, Augsburg
Satz, Bildbearbeitung – Salzland Druck GmbH & Co. KG, Staßfurt
Druck und Bindung – Salzland Druck GmbH & Co. KG, Staßfurt
Herstellungsleitung – Michaela Bein
Assistenz – Lena Kächele

Printed in Germany

ISBN: 978-3-939714-06-4

Die wahre Geschichte

Sie glauben, Bescheid zu wissen?
Wir verraten Ihnen Die wahre Geschichte.

Die wahre Geschichte gehört zu den beliebtesten Programmen bei Klassik Radio und zählt zu den erfolgreichsten Sendungen im deutschen Hörfunk. In amüsant geschriebenen Geschichten erfahren Sie, was sich hinter prominenten Personen, großen Ereignissen der Weltgeschichte oder hinter alltäglichen Redewendungen und Begriffen verbirgt.

Das vorliegende Buch begleitet Sie in die interessante und spannende Welt der wahren Geschichten. Lassen Sie sich bei der Lektüre überraschen und entdecken Sie unbekannte Zusammenhänge.

Inhalt

Inhalt

Subversion auf französisch

Die Handlung des Films ist kunstvoll geknüpft, äußerst verwickelt und trotzdem folgerichtig. Der dramatische Balance-Akt eines Seiltänzers symbolisiert den schmalen Grat des Schicksals, auf dem alle Menschen wandern, nicht nur die Akteure auf der Leinwand. Und das sind unheimlich viele: Fast zwanzig Hauptfiguren, diverse kleinere Rollen und zahllose Kleindarsteller. Bei der Drehbuchentwicklung umgab der Regisseur seine Hauptfigur – einen legendären Pantomimen – mit immer mehr faszinierenden Gestalten und unterstrich, wo es nur ging, alles historisch Märchenhafte. Das entsprach zwar ganz generell seinem Stil – poetischer Realismus nannte man ihn, aber es hatte auch noch andere Gründe. Der Film entstand nämlich während der deutschen Besetzung in Frankreich. Zu dieser Zeit wäre es zum einen völlig unmöglich und äußerst gefährlich gewesen, aktuelle Themen zu behandeln. Aber es gab auch verschiedene andere, nicht als aktuell anzusehende Aspekte. Trotzdem erregte der Film noch vor seiner Fertigstellung die Gemüter. Der Ärger kam aber keineswegs von Seiten der deutschen Besatzer. Es waren vielmehr die gewaltigen Kosten des Films, die in der französischen Öffentlichkeit heftige Kritik auslösten. Vor allem von Seiten der „Résistance" warf man dem Regisseur seine unverantwortliche Verschwendungssucht in den Zeiten der Not vor. Das war aber keineswegs der Fall. Es steckte vielmehr ganz etwas anderes hinter den ständig wachsenden Ausgaben und den nicht endenden Verzögerungen bei der Fertigstellung des Films. Keiner begriff allerdings, was der Regisseur damit beabsichtigte. Nicht nur seinen Hauptdarstellern Jean-Louis Barrault, Pierre Brasseur, Marcel Herand – auch seinem Drehbuchautor Jacques Prévert und vielen anderen Mitarbeitern tat er mit den aufwändigen und offenbar nie zu seiner Zufriedenheit ausfallenden, immer noch einmal wiederholten Szenen und Dreharbeiten einen großen Gefallen. Indem er massenweise Rollen erfand, absichtlich die Fertigstellung des Films immer wieder verzögerte, und deswegen sein Team nicht auflösen musste, rettete er ihnen und vielen anderen Männern des Teams mit ziemlicher Sicherheit das Leben.

Denn dem berühmten Regisseur Marcel Carné war fest zugesagt, dass er alle Mitarbeiter für die Zeit der Dreharbeiten vom Kriegseinsatz freigestellt bekam. Und so entstand der wunderbare, einfühlsame Film „Les Enfant du Paradis" – DIE KINDER DES OLYMP.

Chicos Atlantikreise

Es war nicht gerade ein trautes Heim, in dem der kleine Uwe aufwuchs. Ohne großen Erfolg versuchte ihn seine verbitterte Mutter vor dem ständig betrunkenen Stiefvater zu schützen. Das verstörte Kind zog sich immer mehr zurück, nur von Tieren fühlte er sich verstanden. So oft er konnte fuhr der Junge in den Bremer Zoo. Hier lebte Chico, ein Gepard, dem keiner der Tierpfleger zu nahe kommen mochte. Doch irgendwie schaffte es der kleine Uwe, das Vertrauen der Raubkatze zu gewinnen, und schließlich konnte er sie sogar an der Leine durch den Tierpark führen. Nachdem Uwe die Schule beendet hatte, musste er sich allerdings von Chico trennen, denn er hatte sich zur Berufsausbildung auf einem Luxusliner anheuern lassen. Kaum war das Schiff wieder im Heimathafen vor Anker gegangen, besuchte Uwe seinen Gepard im Zoo. Und er schwor, sich nie mehr von Chico zu trennen. Tatsächlich gelang es Uwe, die Raubkatze – in einem Wäschesack versteckt – an Bord zu schmuggeln, denn er hatte einen ganz bestimmten Plan. Auf seiner ersten Überfahrt nach Amerika hatte er einen jungen Oberbayern kennen gelernt. Es hat vom ersten Augenblick an so etwas wie eine Seelenverwandtschaft zwischen ihnen gegeben. Genau wie Uwe hatte auch der Bayer in seiner Kindheit nichts zu lachen gehabt. Er war 1939 in Rosenheim geboren. Die Mutter musste ihre drei Kinder allein großziehen, denn der Vater ersäufte die Schrecken des Krieges in Alkohol. Der heranwachsende Junge wäre am liebsten weggelaufen, blieb aber bei der Mutter und machte eine Ausbildung als Teppichweber. Doch gleich nach der Lehre verließ er Rosenheim und verdingte sich als Tellerwäscher, Kellner und Barkeeper. Nebenbei unterhielt er die Gäste mit kleinen humoristischen Einlagen. So kam es, dass er schließlich als Alleinunterhalter auf einem Kreuzfahrtschiff landete. War es Zufall oder Schicksal, dass Uwe auf dem gleichen Luxusliner angeheuert hatte, auf dem der Rosenheimer in seiner Show trickreich Hasen und Tauben verschwinden ließ. Warum sollte es ihm eigentlich nicht auch mal mit einem Gepard gelingen? Der Versuch klappte, und die Nummer der beiden war lange Zeit der große Hit. Chico verbrachte sein Leben im vollen Rampenlicht.

Später verschwanden noch diverse andere Raubkatzen in ihren glamourösen Shows, wo sie anfangs unter ihren bürgerlichen Namen Siegfried Fischbacher und Uwe Ludwig Horn auftraten. In ihren berühmten Las Vegas-Shows hießen sie einfach SIEGFRIED & ROY.

003

Gesegnetes Amerika

Auch ihm – wie allen Mühseligen und Beladenen eine Heimat zu geben – das erhoffte sich der kleine Isruel von der New Yorker Freiheitsstatue, als er 1892 auf dem großen Schiff mit seinen Eltern nach Amerika kam. Doch auch hinter diesem goldenen Tor lauerten wieder Armut und Elend, wie es die Familie aus ihrer Heimat Russland kannte. Und als nach wenigen Jahren der Vater starb, verlor auch der Sohn jede Hoffnung auf eine bessere Zukunft. Zwei Jahre nur hatte er Unterricht bekommen und sein Wunsch, eine Musikschule zu besuchen, würde sich wohl nie erfüllen. Weil er keine Noten lesen konnte, lernte er eine Anzahl von Melodien einfach nach dem Gehör und verdiente sich als Straßensänger und singender Kellner in der Lower East Side von New York seinen Lebensunterhalt. Durch seine geballte Willensstärke gelang es ihm, mit der Zeit seine Wissenslücken zu füllen. Und er war gerade mal 18 geworden, als er seine erste Komposition niederschrieb. Insgesamt komponierte er mehr als 1.500 erfolgreiche Songs, 19 Broadwayshows, und nachdem sich der Tonfilm durchgesetzt hatte, wurden zahlreiche seiner Bühnenwerke auch filmisch umgesetzt. Nach dem Börsenkrach von 1928 und dem Pakt zwischen Hitler und Chamberlain hatte Isruel nicht mehr an den Frieden und ein angenehmes Leben geglaubt. Aber er war nicht nur ein begnadeter Musiker, sondern auch ein cleverer Geschäftsmann. Von Anfang an hatte er das Copyright für jede Note seiner erfolgreichen Musiktitel von einer Armee von Anwälten überwachen und die Tantiemen eintreiben lassen. Ausgenommen von dieser Regelung war nur ein Lied, das Isruel ursprünglich 1918 als Hymne für eine patriotische Revue zum Ende des Ersten Weltkriegs geschrieben hatte. Die Erträge daraus sollten für alle Zeit den US-Pfadfindern zugute kommen. Spätestens seit dem Zweiten Weltkrieg hatte dieser Song einen ganz besonderen Platz im Herzen der Amerikaner eingenommen. Auch nach dem Terroranschlag vom 11. September 2001 versuchten Senatoren, Abgeordnete und viele andere Trauernde sich auf den Stufen des Capitols mit diesem besonderen Lied zu trösten. Text und Melodie sind weltweit bekannt, und mit der Zeit ist es fast zu einer zweiten Nationalhymne der USA geworden.

Lange bevor er den Song „God Bless America" schrieb, hatte sich der russische Einwanderer Israel Baline in einen waschechten amerikanischen Komponisten verwandelt und war berühmt geworden unter seinem Künstlernamen – Irving BERLIN.

Dumm gelaufen

Manch eine historische Entscheidung zeitigt noch Jahrzehnte später zunächst unabsehbare Folgen. So kann es passieren, dass ein Land gerade auf dem Gebiet, auf dem es eine führende Rolle einnimmt, durch eine einzige Fehleinschätzung zur Bedeutungslosigkeit herabsinkt. Wie erst viel später hierzulande bekannt wurde, hatten die Briten kurz nach dem Zweiten Weltkrieg die historisch einmalige Chance, sich als Kriegsbeute völlig berechtigt die Konstruktionsunterlagen eines Produkts zu sichern, das sehr bald schon zu Weltruhm gelangen sollte. Aus einem lange Zeit unter Verschluss gehaltenen, im Auftrag des Londoner Transportministeriums vom *„British Intelligence Sub-Committee“* erstellten Gutachten geht hervor: Das fragliche Produkt war 1947 von Experten der Unternehmen Rootes, Humber, A.C. Cars, Ford, Singer und Solex verschiedenen technisch aufwändigen Tests unterzogen worden. Allerdings an einem nicht ganz einwandfrei funktionstüchtigen Exemplar. Das hatte die Experten aber offenbar nicht gestört. Vielleicht hatten sie sich aus generellem Desinteresse nicht die Mühe gemacht, den vorhandenen Schaden zu reparieren. So war es nicht verwunderlich, dass dem fraglichen Produkt daraufhin gravierende Mängel bescheinigt wurden, beispielsweise eine extreme Lärmbelästigung. Deswegen glaubte man, es sei damit – weder zivil noch militärisch – ein Geschäft zu machen. Es hieß, das Fabrikat könne mit den etwa gleichartigen einheimischen Modellen keineswegs mithalten. Vor allem aber würde sich eine serienmäßige Herstellung auf die Dauer nicht lohnen. Daher stoppte der britische Major Ivan Hirst die kurz zuvor schon ins Auge gefasste Produktion. Man könnte boshaft behaupten, mit der gravierenden Fehlentscheidung, dem fraglichen Produkt keine Zukunft einzuräumen, hätten die Briten sich selbst eine schwere Niederlage eingehandelt. Jenes Produkt, das sich deutlich von den konventionell gefertigten Konkurrenten unterschied, hätten sie nur zu gut brauchen können. Lange Zeit hat es nämlich – bis auf ein paar kleine Manufakturen – keinen unabhängigen britischen Hersteller auf diesem Sektor gegeben. Die Briten waren wohl 1945 zu sehr von der eigenen Überlegenheit überzeugt gewesen und übersahen die geniale Konstruktionsidee, die jenem als Reparation abgelehnten Fahrzeug zugrunde lag.

Kaum zu glauben, aber bei diesem von den Briten seinerzeit verschmähten Produkt, das sich in der Folgezeit quasi zum „Dauerläufer“ entwickelte, handelte es sich um eines in der Folgezeit fast alle Rekorde schlagenden Automobiles: um den berühmten VW-KÄFER.

005 Völlig absurde Methoden

Rationalismus des Denkens ist das Schlagwort der Epoche gewesen. Die vorherrschende Auffassung war, dass Vernunft oberstes Prinzip der Welt sei. Ein junger Mann, 1712 in Genf zur Welt gekommen, und erzogen in einer Mischung aus calvinistischer Moral und Plutarchs Lebensläufen, begeisterte sich schnell für die neuen Ideen. Er verwarf sie dann ebenso schnell, aber seinen philosophischen Ambitionen blieb er mit autodidaktischer Selbsterfahrung noch lange treu. In Paris wurde er erst bekannt durch eine preisgekrönte Abhandlung über den Einfluss von Wissenschaft und Kunst auf den Menschen. Berühmt-berüchtigt wurde er dann durch die Forderung nach naturgemäßer Entfaltung der Jugend. Existierende Bildungsmethoden lehnte er ab. Sie würden die Kinder nur daran hindern, zu denken und selbst zu urteilen und erzögen sie zur Mittelmäßigkeit. Seine theoretischen Vorstellungen über Kindererziehung strotzten von guten Absichten. Aber auch die Mütter wollte er erziehen, damit sie keine gehorsamen Automaten aus den Kindern machten und ihre natürlichen Impulse nicht unterdrückten. Was er in seinem Privatleben betrieb, stand jedoch im schroffen Gegensatz zu dieser unorthodoxen Denkweise. Mit Geld und auch mit Frauen hatte er so seine Probleme, nahm dann aber doch eine arme junge Näherin unter seine Fittiche, um ihr Bildung beizubringen. Er schwängerte sie, dachte aber nicht daran, sie zu heiraten. Fünf Kinder gebar ihm Thérèse Levasseur innerhalb von acht Jahren. Doch der Mann, der den Erziehungsroman „Emile" und den berühmten „Gesellschaftsvertrag" verfasste und damit später moderne Erzieher wie Pestalozzi nachhaltig beeinflusste, tat etwas Ungeheuerliches: Er steckte alle seine Kinder – eines nach dem anderen – gleich nach der Geburt ins Findelhaus. Damit strich er sie ein für allemal aus seinem Leben. Die Nachwelt zerbrach sich den Kopf darüber, ob er das tat, weil sie ihn beim abstrakten Philosophieren störten, oder um ihnen damit die größtmögliche Freiheit zur eigenständigen Entwicklung zu bieten.

Es ist aber eher wahrscheinlich, dass er sich vor dem Beweis seiner Erziehungsmethoden drücken wollte. Denn wirklich anwendbar waren sie nicht – die erziehungstheoretischen Ideen des großen Philosophen und Schriftstellers JEAN-JACQUES ROUSSEAU.

Unendliche Zahlenreihen

Er hatte „ach, Philosophie, Juristerei und Medizin und leider auch Theologie durchaus studiert mit heißem Bemühn“. Doch anders als sein berühmter Kollege Dr. Faustus war Gottfried danach wirklich klüger als zuvor! Aber die Welt war wohl damals noch nicht reif für einen bestimmten Teil seiner Erkenntnisse. Immerhin wurde die Rechenmaschine, die schon seit 1694 nach seinen Plänen gebaut worden war, noch bis 1920 benutzt. Aber mit einer durch Windkraft betriebenen Pumpe zur Wasserregulierung in den Harzbergwerken war er weniger erfolgreich gewesen. Dafür entwickelte er die mathematische Logik, die Differentialrechnung und auch das Gesetz von der Erhaltung der Kraft. Darüber hinaus eine in vielen Bereichen zu völlig neuartigen Gedankengebäuden führende umfangreiche Menge von philosophischen Schriften. Doch noch etwas ganz anderes beschäftigte den Wissenschaftler sein Leben lang. Er hatte ein Zahlensystem entwickelt, dessen Ordnung und Harmonie von keiner der bekannten rechnerischen Anordnungen erreicht oder gar übertroffen wurde. Gottfried war sicher, dass seine Entdeckung eine ganz außerordentliche Bedeutung hatte. In einem jahrelangen, ausführlichen Briefwechsel mit den bedeutendsten Gelehrten seiner Zeit. Vor allem mit seinen französischen Kollegen und dem Philosophen Spinoza in Den Haag diskutierte er seine Erkenntnisse. Am 4. April 1701 schrieb er an einen befreundeten Mathematiker, er sei überzeugt, „... dass durch dieses Mittel und mit den unendlichen Reihen, dargestellt in dieser Form, etwas zu erreichen sei, was auf andere Weise nicht gewonnen werden könne“. Damit sollte er Recht behalten, obwohl er es persönlich nicht mehr erlebte. Er widmete sich sein Leben lang immer wieder diesem Thema, doch es fand sich keine Anwendungsmöglichkeit für sein Ordnungssystem. Auch noch weitere zwei Jahrhunderte lang konnte keiner der berühmten Mathematiker einen praktischen Nutzen in diesen Reihen erkennen. Erst moderne Konstrukteure, die ein Zahlensystem brauchten, in dem man mit „ja oder nein“, „an oder aus“ arbeiten musste, begriffen die Großartigkeit von Gottfrieds Erkenntnissen. Vor 300 Jahren konnte tatsächlich keiner ahnen, was die Entdeckung dieser Logik-Kalküle bedeutete.

Denn das Binärsystem mit den Zahlen Null und Eins für „ja oder nein“, das schon der geniale Gottfried Wilhelm Leibniz entdeckt hatte, war die bahnbrechende Erkenntnis und die absolut unentbehrliche Grundvoraussetzung für die Entwicklung des COMPUTERS.

007 Ziemlich berechnend

Frauen haben zwar in vielen Bereichen so etwas wie Gleichberechtigung erreicht. Bei der Vergabe der Nobelpreise – speziell auf dem Gebiet der Wissenschaften – sind sie aber noch immer im Hintertreffen. Das kann man allerdings nicht dem Mann anlasten, der den Preis Anfang des 20. Jahrhunderts als Stiftung aus seinem mit Dynamit und anderen explosiven Erfindungen erwirtschafteten Vermögen ins Leben gerufen hat. Es ist jedoch ausgerechnet eine Frau, die es mit verursacht hat, dass gerade diese Auszeichnung in der auch von Frauen oft erfolgreich betriebenen Disziplin aus bestimmten Gründen nicht verliehen wird. Ja, man könnte behaupten, ausgerechnet eine ebenso kluge wie attraktive russische Wissenschaftlerin sei schuld daran, dass diese Sparte ungerechterweise vernachlässigt worden ist. Die junge Mathematikerin Sofya Kovalevskaya hatte es kurz vor der Jahrhundertwende geschafft, in ihrem Fachbereich als erste Frau in Europa einen Lehrstuhl zu bekommen und zwar ausgerechnet in Stockholm. Das erregte natürlich Aufsehen, und so blieb es nicht aus, dass Sofya schon bald nach ihrer Ankunft in Schweden den berühmten Alfred Nobel kennen lernte. Eine schnell aufgeflammte, heftige Liaison zwischen den beiden brachte die Stockholmer Gesellschaft zum Staunen. Noch mehr Erstaunen rief es dann aber hervor, dass die Kovalevskaya dem verliebten Alfred Nobel bald schon den Laufpass gegeben hatte. Und zwar ausgerechnet wegen des Dekans der Stockholmer Mathematischen Fakultät. Dieser Professor Magnus Gustaf Mittag-Leffler war Nobel verständlicherweise fortan ein Dorn im Auge. Und bevor er dann die Regularien für seine Stiftung festlegte, erkundigte er sich eingehend bei seinen Beratern, inwieweit Professor Mittag-Leffler zu den potentiellen Preisträgern gerechnet werden könnte. Die Berater waren sich einig, dass diese Möglichkeit bestand. Nobelpreise sind bekanntlich ausgesetzt in den drei naturwissenschaftlichen Bereichen Chemie, Physik und Medizin, und damit hat es sich dann. Es ist aber kaum bekannt, wieso das so ist. Doch es gilt als sicher, dass Alfred Nobel, weil Sofya Kovalevskaya ihn so schmählich verlassen hatte, ganz bewusst und in voller Absicht auf den Preis in dieser naturwissenschaftlichen Disziplin verzichtete.

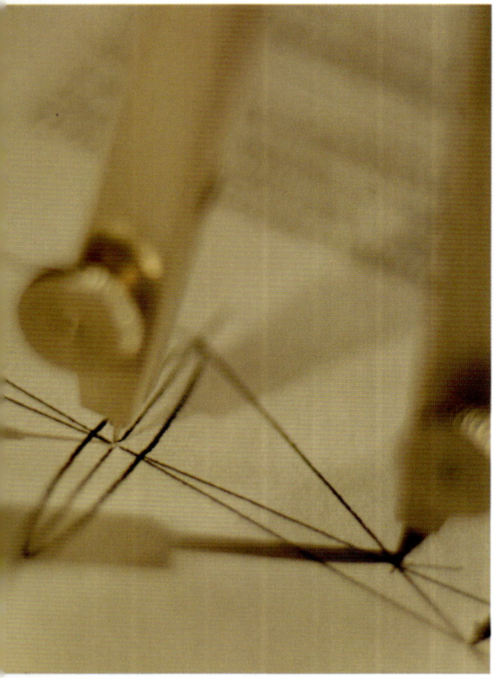

Nur weil sich Nobel an jenem Professor Mittag-Leffler, der ein potentieller Preisträger im Bereich Mathematik gewesen wäre, dafür rächen wollte, dass der ihm seine Geliebte ausgespannt hatte, gibt es ihn also nicht: den NOBELPREIS IN MATHEMATIK.

Nacht- und Nebelaktion

Der Berliner Bezirk Lichtenberg bestand traditionell schon immer aus einem Gemisch von Mietskasernen, Industrieansiedlung und etwas ungewöhnlichen Institutionen. So blieb es auch nach dem Zweiten Weltkrieg. Da hatte sich in einem Gebäudekomplex zwischen Normannen- und Magdalenenstraße, der zuvor die Oberfinanzdirektion des Dritten Reichs beherbergte, das 1950 gegründete Ministerium für Staatssicherheit eingenistet. Über die größte Zufahrtsstraße des Viertels strömten täglich Massen von Menschen – meist junge Männer mit schwarzen Aktentaschen, denen die Zugehörigkeit zur Stasi schon von weitem anzusehen war. Auch die Parteibonzen, die in den fünfziger Jahren bereits eine bestimmte Sorte von Autos besaßen, fuhren nur zu gern jene große Allee entlang, die weltweit zum Synonym geworden war für den sozialistischen Wiederaufbau im östlichen Teil der Stadt. Mehr als zehn Jahre lang war diese Straße für die DDR so etwas wie das kommunistische Aushängeschild: ein Monument moderner Weltoffenheit und ein urbanes Vorzeige-Image, mit dem Ost-Berlin seine großstädtische Modernität schlechthin dokumentieren wollte. Umso verblüffter waren eines schönen Morgens im Jahr 1961 sowohl die Anwohner der Allee, als auch alle anderen, die diese Gegend auf ihren Fahrten in die Stadt hinein und wieder hinaus passierten. So zu sagen bei Nacht und Nebel waren dort überall neue Straßenschilder angebracht worden. Im ersten Moment konnte sich keiner einen Reim darauf machen. Doch schnell erfuhr man des Rätsels Lösung: Der 22. Parteitag der KPdSU hatte unter anderem Beschlüsse gefasst, die die Entfernung eines bestimmten Leichnams aus dem Mausoleum am Roten Platz in Moskau bedeuteten und das endgültige Ende einer Ära einläuten sollten. Sogleich hatte die Moskau treue DDR-Regierung – man könnte fast sagen „in vorauseilendem Gehorsam" oder vielleicht auch „auf höhere Anweisung" – die Eliminierung jeglicher öffentlichen Präsenz jenes bis dato hoch geehrten kommunistischen Übervaters beschlossen und durchgeführt. Quasi über Nacht wurde in Berlin nicht nur sein monumentales Denkmal gestürzt und beseitigt.

Auch jene sozialistische Vorzeigestraße, die seit dem 70. Geburtstag J. W. Stalins – dem 21. Dezember 1949 – den Namen des Kreml-Chefs trug, wurde kurzfristig in der Nacht vom 13. November 1961 in Karl-Marx-Allee umbenannt, die berühmte STALINALLEE.

009 Sehr ruhige Patienten

Zwei kleine Ganoven hatten gehört, dass eine reiche Nachbarsfrau verstorben sei. Da kamen sie auf die Idee, in deren Wohnung schnell noch etwas „abzustauben". Doch ein Blick auf das Totenbett genügte, um die Diebe in die Flucht zu schlagen. Wie sich später herausstellte, war die Nachbarin nur von einem Phänomen betroffen, das man damals als „umlaufenden Blutkreislauf" bezeichnete. Es bedeutete, dass bei solchen Menschen zeitweise alle lebenswichtigen Funktionen auf ein kaum wahrnehmbares Minimum beschränkt waren. Im 18. und auch noch im frühen 19. Jahrhundert verursachte die Vorstellung, unentdeckt zu diesem Personenkreis zu gehören, eine beinahe kollektive Angstpsychose. Um eine Fehldiagnose auszuschließen, bediente man sich spezieller Überprüfungen: Man machte versuchsweise Injektionen in die unteren Gliedmaßen oder besondere Einträufelungen in die Augen. Außerdem wurde vorsorglich eine Quarantäne in geschlossenen Räumen verordnet. Christoph Wilhelm Hufeland, damals königlich preußischer Geheimer Rath, propagierte 1790 eine andere Methode. Auf seine Anregung hin wurde in Weimar sogar eine spezielle Einrichtung eingeführt: ein offener Rundbau, in dessen Mitte sich ein Art Beobachtungszentrum für das Überwachungspersonal befand. Die architektonische Lösung galt zwar als gelungen, trotzdem sollte zusätzlich dazu die Aufmerksamkeit der Wächter noch durch akustische Signale erweckt werden. Es handelte sich um eine Konstruktion aus Schnüren mit Glöckchen, die an Fingern und Zehen der Betroffenen befestigt wurden. Damit war sichergestellt, dass auch die kleinste Bewegung eines Patienten bemerkt werden würde. Bald aber war außerdem vorgeschrieben, alle potentiell von der Sache Befallenen nach bestimmten gesetzlichen Vorschriften zu überprüfen. Um zu beweisen, dass es jenes Phänomen gar nicht gab, wurden alle Probanten zunächst eine Zeit lang in halb aufrechter Stellung gelagert und bestimmten Anwendungen unterzogen: Waden- und Brustwickel, Packungen mit Salmiakgeist, Senfteig, Branntwein und Essig, sowie Massagen mit Wolltüchern, Klistiere und eine Stimulation des Schluckreflexes. Doch die Sache blieb rätselhaft.

Als eine Frau, die eine Überdosis Schlaftabletten eingenommen hatte und für tot erklärt wurde, Tage später – wie einst Schneewittchen in ihrem Glassarg – wieder zu sich kam, stand fest: Es gab dieses Furcht erregende Phänomen – den so genannten SCHEINTOD.

010 Ein seltsamer Liebesdienst

Es war einmal ein König, der hatte einen solchen Appetit auf Liebe, dass es seiner treu ergebenen Gemahlin einfach zu viel wurde. Obwohl sie lockere Sitten verabscheute, war sie erleichtert, als er sich schließlich – ganz offiziell – eine Geliebte nahm. Nacheinander – und gerüchteweise auch durcheinander – schlief er auch mit deren drei Schwestern. Sie alle wurden für ihre Dienste bestens entlohnt. Entweder mit einem reichen Mann oder mit fürstlichen Apanagen. Der König liebte den Luxus und die Bequemlichkeit. Doch leider hatte er auch Kriege und Staatsgeschäfte zu führen. Die erforderten dann hin und wieder seine Anwesenheit direkt vor Ort, während der König normalerweise die Entscheidungen gern anderen überließ. Zu dieser Zeit war eine vielseitig begabte junge Frau aus einfachem, aber ambitioniertem Elternhaus zu einer auffallenden Beauty herangereift. Diese Jeanne schien für den immer noch hungrigen König der ideale Leckerbissen zu sein. Obwohl die 24jährige verheiratet war und ein Kind hatte, machte der König sie – ruckzuck – zu seiner Geliebten. Es dauerte nicht lange, bis sie eine Wohnung in der Nähe seines Palastes hatte und schließlich auch einen einträglichen Titel. Die Königin aber empörte es, dass ihr Gatte mehr und mehr Zeit mit dieser Jeanne verbrachte. Vor allem aber hörte er immer häufiger auf deren Rat. Und nicht nur in Fragen von Kunst und Kultur, sondern auch in politischen Angelegenheiten. Nachdem es bald schon die Spatzen von den Dächern pfiffen, dass es eigentlich des Königs Maitresse war, die das Land regierte, konnte die fromme Königin – trotz all ihrer Gebete – nichts dagegen ausrichten. Alle Welt staunte über Jeannes Einfluss. Sie wurde beneidet und geschmäht, galt aber vor allem als äußerst geschickt. Merkwürdig nur, dass Jeanne in ihren Briefen klagte, sie fühle sich kalt, wie eine Trauerente. Auch die überall kursierenden Berichte über ihre Liebeskunst bezeichnete sie als „Märchen aus der Welt des Orients“. Sie starb an Tuberkulose als sie gerade mal 43 war. 18 Jahre lang war sie die „Maitresse en titre“ gewesen und hatte offiziell bis zu ihrem Tod ihr Liebesrefugium für den König aufrecht erhalten. Allerdings lange Zeit nur mit Hilfe einer Schar wechselnder, heimlicher junger Liebesdienerinnen.

Denn sie selbst war – was sie allerdings stets geheim zu halten wusste – aufgrund ihrer Krankheit in den letzten zwölf Jahren zu körperlicher Liebe nicht mehr fähig gewesen, die legendäre Maitresse Ludwigs des XV., die MARQUISE DE POMPADOUR.

CHECKLISTE

Zu den vielen Aufgaben und Pflichten eines Abtes gehört es auch, regelmäßig die ihm unterstellten Klöster zu kontrollieren. Das Ergebnis der jeweiligen Prüfungen – alle Bemerkungen, Ratschläge und Anordnungen – wurden schriftlich auf einer so genannten „Besuchskarte" festgehalten. Diese Listen dienten dann als Hausordnung für das klösterliche Leben. Ein solches Dokument aus dem Jahr 1504 ist bis heute erhalten geblieben. Es ist die Besuchskarte, die der Zisterzienser-Abt Jacques anlässlich seiner Visite in einem Nonnenkloster hinterlassen hat. Bis ins Kleinste detailliert stehen auf der Besuchskarte die Anweisungen des Abtes an die Nonnen: Die Gebete an die Mutter Gottes müssten deutlicher gesprochen werden, sie sollten sie nicht so hastig aufsagen, nur um rasch damit fertig zu sein. Zwischen je zwei Versen und sogar in der Mitte eines Verses sei eine ordentliche Pause zu machen. Alle Worte und Silben müssten richtig ausgesprochen werden, nichts durfte verschlungen oder übermäßig gedehnt werden. Ferner sei eine Uhr anzuschaffen, damit der Gottesdienst zu festen Zeiten – und nicht wie es der Zufall wolle – abgehalten werden konnte. Der Beichtvater sollte nur im geschlossenen Beichtstuhl und nicht draußen im Freien die Beichte abnehmen. Das Fenster des Beichtstuhls müsste mit einem engmaschigen Gitter und dichten Vorhängen versehen sein. Auch die Türen des Klosters müssen sicher verriegelt werden. Dieses Beispiel zeigt, dass Besuchskarten in der Regel nicht gerade viel Freude bereiteten. Ganz anders war eine weltliche Variante der Karte, die in Frankreich etwa 100 Jahre später – also anfangs des 17. Jahrhunderts in Mode kam. Es handelte sich dabei meist um eine zusammengerollte, signierte Tarockkarte, die man ins Schlüsselloch einer Haustür steckte, um jemanden rechtzeitig und respektvoll an eine Verabredung zu erinnern. Wiederum 100 Jahre später fing man dann sozusagen an, „mit offenen Karten" zu spielen. Von da an gehörte es zu den gesellschaftlichen Ritualen, einem bevorstehenden oder gerade absolvierten Besuch durch Übergabe eines Billets eine gewisse Bedeutung zu verleihen.

Heutzutage übermittelt man mit einer bestimmten Variante der Karte keine klösterlichen Anweisungen und auch keine besondere Botschaft. Nur die Firma, Name und Adresse stehen auf der modernen „carte de visite" – der heute weit verbreiteten VISITENKARTE.

012 HINTERHER WEISS MAN'S BESSER

Wie oft ärgert man sich nach einem Gespräch oder gar einem Disput, dass einem im richtigen Moment nicht das rechte Wort oder der passende Spruch eingefallen ist. Richtig dumm kommt man sich vor, und oft auch noch besonders humorlos! Man hat sich den Kopf zerbrochen, sich verhaspelt. Und irgendwann war es dann zu spät! Jedem ist sicher schon mal eine treffende Entgegnung erst nachträglich eingefallen, also quasi nach längerem Kopfzerbrechen oder ärgerlichem Grübeln. Wieso gelingt es einem denn so oft nicht, die einzig richtige Antwort, den flotten Spruch oder den genialen Vorschlag direkt während eines angeregten Gesprächs oder einer Unterredung zu formulieren!? Es ist eine alte Weisheit: Hinterher weiß man etwas meistens besser. Doch das passiert nicht nur im täglichen Leben. Ähnliches gilt auch für die Geschichtsschreibung. In späteren Zeiten werden die wirklichen Ereignisse oft positiv, negativ oder opportunistisch entstellt, und dadurch entstehen dann Irrtümer mit hartnäckiger Lebensdauer. Diese Tatsache hat auch William Lewis Herslet, den Sohn des englischen Konsuls in Memel, sein Leben lang beschäftigt. Als typischer Vertreter des bildungshungrigen und geschichtsbewussten Bürgertums des 19. Jahrhunderts konnte und wollte er diese Sache nicht auf sich beruhen lassen. Akribisch und ziemlich besessen – und mit kritisch-objektivem Streben nach unbestechlicher Wahrheit – spürte der Hobby-Historiker Irrtümer auf: Semiramis war nicht wirklich die Schöpferin der „hängenden Gärten"; der berühmte Sängerkrieg auf der Wartburg hatte nie stattgefunden, der „Gang nach Canossa" müsste in Wirklichkeit als Erfolg und nicht als Demütigung verbucht werden. Das sind nur drei der vielen, von Herslet überprüften und als spektakuläre Enthüllungen nachträglicher Verfälschungen entdeckten Wahrheiten. 1882 erschien die erste Auflage seines Buches über die Taten berühmter Männer, die sie nie begangen hatten und Aussprüche, die nie gesagt wurden. Der Titel seines Buches bezieht sich auf eine alte französische Redensart. Damit bezeichnet und verunglimpft man meist jene Art von Entgegnungen, die einem erst nachträglich in den Sinn kommen, einem sozusagen nach der Verabschiedung draußen im Treppenhaus einfallen. Die Franzosen nennen dieses Phänomen „Esprit d'escalier".

Auch bei uns bezeichnet man sowohl eine falsche historische Angabe, wie auch einen nachträglich und nicht gerade schnell begriffenen Vorfall angelehnt an den Buchtitel von William Lewis Herslet „Treppenwitz der Weltgeschichte" als TREPPENWITZ.

Wirbelwind auf Tasten

Wie ein kalter Hauch senkt sich Totenstille über das „Casino de Paris". Fasziniert verfolgen die Zuschauer, wie ein Automobil eine steile Rampe hinunter rollt, in die Höhe geschleudert wird, sich in der Luft um die eigene Achse dreht und schließlich auf den Boden knallt – zum Glück auf alle vier Rädern gleichzeitig. Das Publikum tobt vor Begeisterung. Der Pilot, vermummt in dickes Lederzeug, steigt völlig unversehrt aus dem Fahrzeug. Glücklich lächelnd und offensichtlich erleichtert nimmt der Artist Pierre-Joseph die Ovationen der Zuschauer entgegen. Zusammen mit den Premierengästen bestaunt im Jahr 1905 auch der schon erwachsene Sohn des Artisten die abenteuerliche Pariser Varieté-Nummer des Vaters. Auch er hat – wie sein Vater – eine Vorliebe für technische Spielereien, und deswegen versteht gerade er auch ganz besonders den Nervenkitzel, den halsbrecherische Kunststücke auslösen können. Doch diesmal scheint es ihm, als hätte sein Vater um ein Haar die Grenzen des Möglichen überschritten. Der Vater möchte allerdings keine Vorwürfe hören, denn er ist durch und durch stolz auf seine Leistung. Schließlich ist es ihm vor allem durch seine absolut perfekten und präzisen Berechnungen gelungen, dass sein „Wirbelwind des Todes" einwandfrei funktioniert hat. Schon ein winziger Konstruktionsfehler hätte katastrophale Folgen für ihn gehabt. Doch schließlich war Pierre-Joseph Ingenieur und zwar einer, der es lange Zeit gewohnt gewesen ist, Schweizer Präzisionsarbeit zu liefern, denn immerhin stammte seine Familie schon seit Generationen aus der Gegend von Genf. Die tollkühne Show zeugte nicht nur von der extrem skurrilen Phantasie, sondern auch von der meisterhaften Ingenieurskunst ihres Erfinders. Daher wurde sie anschließend in den Zirkusarenen und Varietés überall auf der Welt ein sensationeller Erfolg. Heute aber würde sich wohl kaum mehr jemand an dieses grandiose Spektakel erinnern, gäbe es da nicht den damals etwa dreißigjährigen Sohn des tollkühnen Artisten und Ingenieurs. Auch er hat sich mit meisterhafter Präzision halsbrecherische Kunststücke ausgedacht, die heute weltbekannt sind. Allerdings brillierte der Junior nicht als Ingenieur, sondern als Komponist.

Gäbe es Auszeichnungen für pianistische Mutproben, dann hätte dieser Komponist mit Sicherheit eine stattliche Sammlung davon eingeheimst. Denn der Sohn des Schweizer Ingenieurs und Artisten Pierre-Joseph Ravel war kein anderer als MAURICE RAVEL.

014 Ungelöstes Rätsel

Heute kann ein Großteil aller europäischen Staaten auf eine mehr als tausendjährige Geschichte zurückblicken. Es gibt aber auch Völker, die schon vor Hunderten von Jahren für immer von der Landkarte verschwunden sind. Wechselvolle Schicksale also, die meist mit der Völkerwanderung zusammenhingen. Oder mit Kolonialisierungen, die keineswegs nur außereuropäische Regionen durcheinander brachten. Beispielsweise wurde im 12. und 13. Jahrhundert vermehrt mit der so genannten Ostkolonisation begonnen, die hauptsächlich vom Deutschen Ritterorden ausging. Im Zuge dieser oft christlich motivierten Eroberungen wurde erstmals ein in dieser Gegend ansässiger Volksstamm aktenkundig, dessen Name später von großer Bedeutung sein sollte. Doch kaum war dieses Volk aufgetaucht, wurde es schon wieder still um diese Region. Die christlichen Eroberer hatten – wie auch die meisten anderen Usurpatoren – mit den im Siedlungsgebiet Ansässigen nicht viel Federlesen gemacht. Es sollte eben Neuland geschaffen werden, Raum für die Stärkeren, die so genannten Zivilisatoren. Die brachten das Christentum und unterdrückten gewaltsam die angeblich unterentwickelten Kulturen. Heidnische Bräuche und Regeln, fremdartige Namen, ungewohnte Physiognomien verschwanden, und zwar größtenteils durch Überwanderung. Dennoch haben einige der Eroberer nach starker Dezimierung jenes Ostvolks ausgerechnet den Namen der Unterworfenen angenommen – ein in der Geschichte sonderbarer und seltener Vorgang. Als sich zu Beginn des 18. Jahrhunderts ein neuer Staat konstituierte, wurde genau dieser übernommene Name wiederum aufgegriffen, obwohl die meisten der neuen Provinzen gar nicht oder nur marginal zum Bereich des eigentlichen Stammlandes gehörten. Nun aber wurde ein Bedeutungswandel vollzogen: Aus jener Landschafts- und Stammesbezeichnung machte man einen Staatsnamen, der eine Zeit lang für mehr als zwei Drittel aller Deutschen galt. Friedrich Wilhelm, dem Großen Kurfürst, gelang es, im Jahr 1701 seine Staatsvision zu verwirklichen, indem er gemeinsam mit den Hohenzollernfürsten durch Familien-, Erb- und Hausmachtpolitik ein Großreich schuf. Es hätte Brandenburg heißen können, Rheinland oder Hohenzollern. Der Großstaat im Nordosten Deutschlands bekam aber einen völlig anderen, recht eigentümlich klingenden Namen.

Noch heute verbindet man ein bestimmtes, diszipliniertes Deutschtum mit diesem Namen. Verwunderlich ist, dass ausgerechnet jenes seit Jahrhunderten ausgerottete Ostseevolk dafür Pate stand: Einst hießen sie „Pruzzen", und daraus wurden dann die PREUSSEN.

WEIL'S DER FÜHRER BEFAHL

015

Als Ludmilla im Jahr 2000 mit 86 Jahren das Zeitliche segnete, lag ihre Glanzzeit mehr als ein halbes Jahrhundert zurück. Die erst nach ihrem Tod erschienenen Memoiren rückten jene einst kometenhaft im deutschen Show-Business aufgestiegene und ebenso abrupt wieder untergegangene Diva, noch einmal ins Rampenlicht. Und nicht nur sie persönlich, sondern auch eine, nein, sogar die ausschlaggebende Episode

ihres Lebens. Sie hatte einen Mann kennen gelernt, der sie faszinierte, und hatte trotz aller Widrigkeiten fest daran geglaubt, dass er wahr machen würde, was er ihr feierlich versprochen hatte. Nun sind überschwängliche Versprechungen in der Phase der Eroberung nichts Ungewöhnliches. Doch das, was dieser spezielle Mann aufzugeben versprach, war so extraordinär, ja, ungeheuerlich, dass mit Recht bezweifelt wurde, ob er es je ernst gemeint hatte. Nicht nur seine Ehefrau und was für eine vorbildhafte und seine geliebten Kinder wollte er für die schöne Ludmilla aufgeben. Auch seine öffentliche Stellung, die geradezu staatstragend war! Er wollte alles hinter sich lassen, was er bis dahin erreicht hatte und weggehen mit ihr, zu welchen Bedingungen auch immer. Selbst, wenn er deswegen in Japan Krawatten verkaufen müsste! Das hatte er laut Ludmillas Memoiren nicht etwa vor Beginn der Affäre und um sie rumzukriegen gesagt, sondern als die Sache schon einige Jahre lief. Dass die Affäre auf Dauer nicht geheim bleiben konnte, dafür sorgte schon die Prominenz des einen wie der anderen. Ludmilla war ein Star, ein ausgesprochener Liebling des Publikums, in dessen Privatleben nur zu gern herumgestochert wurde. Und so konnte es nicht ausbleiben, dass die Ehegattin von Ludmillas höchst prominentem Liebhaber schließlich massive Gegenmaßnahmen ergriff. Berufsverbot für die 25jährige Ludmilla und ihre Ausweisung aus Deutschland waren das Resultat. Ihre viel versprechende Filmkarriere verlief im Sand, und kaum jemand erinnerte sich noch an ihren Namen. Inzwischen steht aber außer Frage, dass ihr Geliebter tatsächlich die Absicht hatte, mit ihr auf und davon zu gehen. Doch seine clevere Gattin hatte sich an Hitler persönlich gewandt, der unter Androhung von Sanktionen aller Art verlangte, dass der Mann seine Geliebte fallen ließ.

Nicht auszudenken, was gewesen wäre, wenn er seinem Führer nicht gehorcht hätte! Denn der Liebhaber des bildschönen Ufa-Stars Ludmilla, alias Lida Baarová, war kein anderer als der damalige Reichspropagandaminister – JOSEPH GOEBBELS.

Grundsätzlich unbekömmlich

Zar Alexander II. von Russland war einer der ersten, der jenes verblüffende Gemisch am eigenen Leib zu spüren bekam. Er hatte zwar 1861 in Russland die Leibeigenschaft aufgehoben, wurde aber dennoch zwanzig Jahre später Opfer eines Anschlags radikaler sozialreformerischer Kreise. Der Attentäter hatte für dieses Attentat verblüffender Weise ein speziell präpariertes Objekt aus dem Alltagsleben benutzt. Sowohl im Ersten Weltkrieg wie im Spanischen Bürgerkrieg wurden immer wieder ähnlich improvisierte Mordwerkzeuge eingesetzt. Die Simplizität dieser Mittel, sowie die Verfügbarkeit der Ummantelung machten derartige Wurfgeschosse auch zu idealen Gebrauchsgegenständen für Untergrundaktivisten. Eine genau bemessene Mischung verschiedener Flüssigkeiten diente als „Treibstoff", und meistens wurden brennbare textile Haushaltsabfälle als Auslöser genutzt. Aber erst, als diese seltsame Munition, die von Anfang an immer wieder von sich reden machte, schon über sechzig Jahre existierte und inzwischen in den verschiedensten Varianten angewandt worden war, bekam das Ganze einen Namen. Unter dem sind weitere Abarten auch heute noch berühmt beziehungsweise eher berüchtigt. Denn im Juni 1942, als der sowjetische Außenminister beim Einmarsch der Deutschen in die Sowjetunion zum Widerstand aufrief, blieb der Not leidenden Zivilbevölkerung gar nichts anderes übrig, als die Invasoren mit aller einfachsten Mitteln zu bekämpfen. Sie warfen daher mit ihren üblichen Wodkaflaschen. Die waren allerdings gefüllt mit einem Gemisch aus Kalium-Chlorat, Zucker und etwas Schwefelsäure. Oder – noch simpler – mit einem Gemisch aus Benzin und Schmieröl. Den Flaschenhals verstopften sie mit Stofflappen, die dann gleichzeitig auch als Dochte fungieren und im entscheidenden Moment schnell angezündet werden konnten. Auch in anderen Ländern – und oft genug auch in Deutschland – wurden später von Radikalen und anderen Randalierern bei diversen Ausschreitungen gegen Polizei und Ordnungshüter immer wieder derartige, äußerst primitive, aber wirksame und erfolgreiche Maßnahmen angewandt.

Auch bei uns sind derartige explosive Wurfgeschosse – mit Bezug auf den ursprünglichen „Anstifter", den einstigen sowjetischen Außenminister Wjatscheslaw, Michailowitsch Molotow – in die Geschichte eingegangen als MOLOTOW-COCKTAILS.

017 Er blieb der Gleiche

Mario Girotti, ein bildhübscher blonder junger Mann, war eines Tages nicht mehr auffindbar. Zumindest nicht mehr unter diesem Namen. Es hieß, er sei überhaupt kein Italiener, sondern stamme aus irgendeinem Kaff in Sachsen. Andere behaupteten, er hätte immerhin in Italien Literatur und Philosophie studiert. Wie dem auch sei: Geboren war Mario tatsächlich in Venedig, und zwar am 23. 03. 1939. Er sprach sowohl italienisch als auch sehr gut deutsch und kam 1957 zum ersten Mal nach Berlin. Der Mann, mit dem er zusammen dort auftauchte, war ein bekannter italienischer Regisseur. Der hatte Mario aber nicht mit nach Berlin gebracht, um ihn in seiner Inszenierung an der Ostberliner Städtischen Oper auftreten zu lassen. Er hatte ihn vielmehr als Dolmetscher eingestellt. Bald gab er ihm aber auch kleine Rollen in seinen Filmen, und darum werden ihn damals viele junge Schauspieler beneidet haben. Bei Marios Arbeitgeber handelte es sich nämlich um keinen anderen als den großen Luchino Visconti. Anfang der Sechziger spielte Mario zunächst kleine Rollen in deutschen Filmen wie „Winnetou" und „Siegfried". Doch schon bald zog es ihn in die USA.

Der Grund dafür ist nicht bekannt. Aber was er dort aus sich gemacht hatte, war bald in aller Welt auf der Leinwand zu sehen: Mario war zu einem der Protagonisten des neu aufgekommenen Genres der Italo-Western geworden. Umso merkwürdiger war, dass er dann plötzlich unter anderem Namen auftrat, also quasi seine Identität wechselte. Eigentlich war doch gerade jetzt nichts einzuwenden gegen seinen italienischen Namen. Aber in den USA waren amerikanische Namen fürs breite Publikum einfach einprägsamer. Auch Marios schon einschlägig bekannter Filmpartner Carlo Pedersoli hatte sich längst amerikanisiert. Also wollte auch Mario, der eine deutsche Mutter hatte und als Kind zwei Jahre in der Nähe von Dresden verbrachte, nicht zurückstehen. Als böser Django und komischer Westernheld eroberte er sich prügelnd und witzelnd die Herzen von Millionen Kinogängern. Aber eben nicht als Mario Girotti. Seinen neuen Vornamen hatte er angeblich auf einem Lateinbuch gelesen und leicht abgewandelt, den Nachnahmen übernahm er von seiner Frau Lori Hill.

Nun erst wurde er als echter Westernheld anerkannt. Mario Girotti, der genauso wenig amerikanisch war wie Bud Spencer, alias Carlo Pedersoli, der Mann an seiner Seite – wurde zum weltbekannten amerikanischen Superstar unter dem Namen TERENCE HILL.

Entdeckerfreuden

Als die schöne Diva 1970 ihre Memoiren veröffentlichte, lagen ihre größten Erfolge schon fast 40 Jahre zurück. Doch weil sie als einer der ganz großen Hollywoodstars in die Geschichte eingegangen war, erregte ihre Lebensgeschichte einiges Aufsehen. Ihre erste große Filmrolle hatte sie 1919 in Deutschland gespielt und war damit schlagartig zu Weltruhm gekommen. Es sollte damals der „größte Film aller Zeiten" werden, das hatte Paul Davidson, der Produktionschef der späteren Ufa, von Anfang an geplant und den gerade mal 27jährigen Star-Regisseur Ernst Lubitsch engagiert. Lubitsch war 1911 von einem begnadeten Theaterpionier ans Berliner Schauspielhaus geholt worden. Er hatte dort zunächst nur kleine, meist komische Rollen gespielt, und auch seine Filmlaufbahn begann er als Darsteller. Es dauerte aber nicht lange, dann hatte Lubitsch sein eigentliches Metier entdeckt – die Regie. Nach der Inszenierung einiger turbulenter Filmkomödien engagierte ihn – wie gesagt – Paul Davidson als Regisseur für den besagten Super-Film. „Madame Dubary". Er wurde bei der Berliner Uraufführung im neu eröffneten Ufa-Palast am Zoo so stürmisch gefeiert, dass er bald sogar auch im Land des siegreichen Erbfeindes Frankreich zu sehen war. Und auch in den USA – trotz der damaligen Vorbehalte gegen Deutschland. Dass der Film überall ein Riesenerfolg wurde, lag vielleicht vor allem an der wunderbaren Hauptdarstellerin. Die war nämlich keine Deutsche, sondern Polin. Beide – der Regisseur Ernst Lubitsch und seine Protagonistin – machten daraufhin in Hollywood Karriere. Lubitsch entwickelte fortan alle Rollen der schönen Polin und schrieb sie ihr sozusagen auf den Leib. Er war ihr Macher, und vermarktete ihren speziellen Typ zu ihrer beider Zufriedenheit. Zeitlebens hatte sich Ernst Lubitsch damit geschmückt, der Entdecker der Diva gewesen zu sein. Doch in ihren Memoiren erzählt sie eine ganz andere Version. Es war nämlich der gleiche berühmte Theatermann, dem auch Ernst Lubitsch seine ersten Bühnenauftritte verdankte, der sie 1917 in Warschau entdeckt hatte, wo sie als Tänzerin aufgetreten war. Und auf der Stelle hatte er sie nach Berlin geholt und ihr an seinem Theater ein Engagement gegeben.

Es stellte sich also erst nach ihrem Tod heraus, dass nicht Ernst Lubitsch, sondern der große Max Reinhardt der wirkliche Entdecker der schönen Polin Barbara Apolonia Chalupec war, die in Hollywood Weltruhm erlangte unter dem Namen POLA NEGRI.

Niemals verjährendes Verbrechen

Nachdem Japan im Jahr 1889 zur konstitutionellen Monarchie geworden war, hatte sich das Inselreich nicht wirklich befriedet. Bald schon hatte eine Reformgruppe junger Samurai den Tenno – also den japanischen Kaiser – wieder zum obersten Exekutiv-Organ und „himmlischen Herrscher" gemacht. Nun begann Japan wiederum eine gefährliche neue Expansionspolitik, durch die fast alle angrenzenden asiatischen Länder nach und nach Ziel – und oft auch Opfer – militärischer Eroberungsfeldzüge geworden sind. Mit fortschreitender Expansion kam es dann zwangsläufig auch zu Konflikten mit den USA. Man war nicht wirklich befeindet, aber auch nicht gerade miteinander befreundet. Seit Beginn des Zweiten Weltkriegs hatten sich die Japaner fatalerweise ausgerechnet noch mit den deutschen Nationalsozialisten und den italienischen Faschisten verbündet. Und dann die USA auch noch direkt angegriffen. Spätestens mit dem bis heute von den Amerikanern unbewältigten Schock ihres erfolgreichen Angriffs auf Pearl Harbour hatten die Japaner also ihr Schicksal besiegelt. Und nachdem die japanischen Kamikaze-Flieger – eine Vorform der heutigen Selbstmord-Attentäter – selbst noch nach der deutschen Kapitulation im Mai 1945 weiterhin ihre tödlichen Angriffe auf amerikanische Schiffe flogen, glaubten sich die Amerikaner auch noch im Recht. Dabei waren es meist junge Samurai, zu deren Ehrenkodex jene Todesform des Kamikaze gehörte. Dennoch hoffte die Mehrzahl der Japaner auf ein baldiges Ende des Krieges, selbst um den Preis der bedingungslosen Kapitulation. Heute steht fest: Der Tenno hatte der von den Amerikanern unter Androhung folgenschwerer Sanktionen geforderten Kapitulation längst zugestimmt, als das Unfassbare geschah. Die USA rechtfertigten sich einerseits damit, dass die Kamikaze-Angriffe auch nach der Erklärung des japanischen Kaisers noch fortgesetzt wurden. Außerdem behaupteten sie, der Tenno hätte die Kapitulation in einem für die Übersetzer völlig missverständlichen Hof-Japanisch abfassen lassen, woraus nicht eindeutig zu ersehen gewesen wäre, ob Japan die verabredete Vereinbarung einhalten würde. Natürlich kann es sein, dass es gewisse Zweideutigkeiten gab, aber da hätten die amerikanischen Verhandlungspartner ja nachfragen können.

Das taten sie aber nicht. Vielmehr begingen die USA am 6. August 1945 an der japanischen Zivilbevölkerung eines der grauenvollsten Kriegsverbrechen des Zweiten Weltkriegs: den Abwurf der Atombomben auf HIROSHIMA UND NAGASAKI.

020 Echt falsch

Josef, ein Wiener Juwelier, nutzte ein jährliches gesellschaftliches Ereignis, um seine neuesten Kreationen vorzuführen. Die große Tanzveranstaltung im Saal „Zur Mehlgrube" am Wiener Neuen Markt bot dafür die beste Gelegenheit. Mit Frau und Töchtern in voller Juwelenpracht betrat er den Ballsaal. Der Schmuck erregte größte Bewunderung und Aufsehen, aber auch Argwohn. Solch blitzender Reichtum konnte nur unrecht erworben sein! Es dauerte nicht lange, da wurde Josef, der stolze Schmuckhersteller, auch schon verhaftet. Einige qualvolle Tage musste er im Gefängnis verbringen. Doch schließlich konnte er die Obrigkeit davon überzeugen, dass er das Geschmeide nach seinen ganz eigenen Methoden und in seiner eigenen Werkstatt hergestellt hatte, und man ließ ihn frei. Als Kaiser Franz Stephan, selbst an Edelsteinen interessiert, von dem Ball-Eklat erfuhr, ließ er den Juwelier kommen und sich genau erklären, auf welche Weise der diese prachtvollen Schmuckstücke angefertigt hatte. Kaiserin Maria Theresia allerdings zeigte sich weitaus distanzierter: Das Tragen von Juwelenschmuck sei dem „gemeinen Volk" per Dekret verboten, und das gelte auch für die Familie des Juweliers. Vom Standesdünkel der Herrscherin enttäuscht, verließ Josef Wien und zog nach Paris, wo er mit seinen „Wiener Brillanten" bald schon zu Ruhm und Ehren kam. Diese Geschichte wird jedenfalls in einem Wiener Volksstück aus dem Jahr 1858 erzählt. Doch in Wirklichkeit war alles ganz anders: Bereits im Jahr 1740 war der Name eines unweit von Straßburg geborenen Goldschmieds im Zusammenhang mit einer speziellen Art von Brillanten bekannt geworden. Es hieß, er hätte die Steine aus reinem weißem Sand, Pottasche, Kali-Salpeter und Mennige gefertigt, dann die Substanz geschliffen, mit Metall hinterlegt und so das glitzernde „Feuer" funkelnder Diamanten imitiert. Glanz und Farbstreuung waren ähnlich wie bei echten Diamanten, aber die Steine erreichten auch nicht annähernd die Härte echter Diamanten. Da am Hof Ludwigs XV. großer Bedarf an Schmuck herrschte, wurden diese „Simili" – wie die diamantähnlichen Steine jenes Straßburgers genannt wurden – überaus begehrt.

Der Name des wirklichen Erfinders ist verewigt in der weltweit bekannten Bezeichnung für die glitzernden künstlichen Brillanten. Dieser Straßburger Juwelier hieß George Frédéric Strass, und daher heißen auch die „Steine von Strass" schlicht und einfach STRASS.

Unentwirrbare Verstrickungen

021

Was wurde nicht alles gemunkelt und vermutet, als 1972 nach knapp dreijähriger Amtszeit die sozialliberale Koalitionsregierung unter Willy Brandt wegen einiger Überläufer zu platzen drohte. Eigentlich hatte man zuvor sowieso auf christdemokratischer Seite mit einer sicheren Mehrheit für den eigenen Kanzlerkandidaten, Dr. Rainer Barzel, gerechnet. Aber statt der erwarteten 249 Stimmen bekam der dann nur 247, und Willy Brandt blieb an der Macht. Noch am gleichen Tag, dem 27. April 1972, wurde damit begonnen, die Hintergründe zu klären. Wie konnte es geschehen, dass Brandt aus dem Lager der Union mindestens drei zusätzliche Stimmen erhalten hatte!? Waren es bayerische Barzel-Gegner, waren es Freie Demokraten ohne Parteidisziplin gewesen? Oder – viel schlimmer noch – irgendwelche mit Geld geköderten Verräter? Die Gerüchteküche kochte: Es hieß, man hätte den FDP-Abgeordneten Erich Mende mit irgendwelchen geheimen Druckmitteln zur Stimmabgabe für Brandt veranlasst. Dann sickerte durch, dass auch Egon Bahr seine Finger im Spiel gehabt hätte. Schließlich aber gab der CDU-Abgeordnete Julius Steiner freiwillig zu, für Willy Brandt gestimmt zu haben. Gleichzeitig beschuldigte er aber den SPD-Fraktionsgeschäftsführer Karl Wienand der aktiven Bestechung. Da der später immer mehr zu einer zwielichtigen Figur wurde, blieb der Verdacht auch in dieser Angelegenheit an ihm hängen. Damit schien nun die Urheberschaft der SPD in diesem Fall unrühmlich geklärt zu sein. Wienand kam dann 1976 auch noch unter dem Verdacht, für die DDR spioniert zu haben, vor Gericht. Und da es hier wie dort finanzielle Motive gab, zweifelte keiner mehr daran, dass es die SPD war, die die Stimmen für Willy Brandt gekauft hatte. 1997 erschienen die „Memoiren" eines DDR-Prominenten, und die Bundesanwaltschaft bestätigte dann, was dort über den Fall zu lesen war: Nämlich, wer in Wirklichkeit den Unionsabgeordneten dazu gebracht hatte, gegen Rainer Barzel zu stimmen. Und erst da kam heraus, dass es weder Karl Wienand, noch die SPD gewesen war, die im eigenen Interesse und mit üblen Machenschaften den Regierungswechsel verhindert hatten. Der Überläufer war tatsächlich der CDU-Mann Julius Steiner. Er hatte – allerdings nicht von Wienand –, sondern von der DDR für seine Dienste 50.000 Mark erhalten.

Der Überbringer dieses Geldes war pikanterweise der Memoirenschreiber gewesen, der jetzt den genauen Tatbestand aufdeckte: Markus Wolf, der Leiter der Auslandsaufklärung des Ministeriums für Staatssicherheit der DDR – der so genannten STASI.

022

Bessere Sicht

Im Süden der Vereinigten Staaten von Amerika war die Welt zu Beginn des 20. Jahrhunderts eindeutig von Männern dominiert. Frauen hatten hübsch zu sein, Kinder zu kriegen und den Haushalt in Schuss zu halten. Mary Anderson hätte auch eine dieser typischen „Southern Beauties" sein können. Doch das übliche „Kirche, Küche, Kinder" genügte ihr nicht. Zwar war sie keine Revoluzzerin, und es kümmerte sie nicht wirklich, dass die Frauen kein Wahlrecht hatten. Sie genoss es durchaus, im bodenlangen Samt- oder Seidengewand Mittelpunkt der lokalen Society zu sein. Dennoch war Mary eine moderne, selbständige Frau mit wachem Verstand. Immer wieder entfloh sie der Langeweile des verschlafenen Alabama, und machte sich für einige Tage auf in die Weltstadt New York. Dort setzte sie sich in die Straßenbahn und fühlte sich ausgesprochen wohl, wenn sie die vielen geschäftigen Menschen, die Droschken und Pferdekutschen im Gewimmel der Großstadt beobachten konnte. Als Mary Anderson an einem trüben, regnerischen Wintertag des Jahres 1903 wieder einmal eine ihrer Runden durch New York drehte, sah sie etwas, was ihr so schnell nicht mehr aus dem Kopf ging. Der Regen war in Schnee übergegangen, und Mary beobachtete, dass der Fahrer ihrer „streetcar" hin und wieder das Fahrzeug verließ, und – bibbernd vor Kälte – die Windschutzscheibe zu reinigen versuchte. Auch den Besitzern der wenigen Automobile blieb eine ähnliche Prozedur nicht erspart. Mary überlegte und begann noch während der Straßenbahnfahrt zu zeichnen. Bald schon hatte sie ihre Idee in einen realisierbaren Konstruktionsplan umgesetzt. Es existierten zwar damals auch einige andere Vorschläge zur Lösung des von ihr in New York beobachteten Problems. Doch Mary Andersons Idee war die erste, die als voll funktionsfähig galt. 1904 ließ sie sich ihre Erfindung patentieren. Doch zunächst glaubten die Autohersteller, die neue Technik würde die Fahrer nur ablenken, und es dauerte zehn Jahre bis zur kommerziellen Nutzung.

Was die Südstaaten-Schönheit Mary Anderson 1904 erfunden hatte, war eine bewegliche Vorrichtung, mit der Windschutzscheiben von Fahrzeugen aller Art – zunächst noch im Handbetrieb – von Regen und Schnee befreit wurden – der erste SCHEIBENWISCHER.

023 Verhältnisse am Regierungssitz

Was hat er sich nicht alles geleistet: Grundstücksaffären, Ehebruch, Falschaussage. Sogar die Gerichte mussten sich damit befassen, ob der höchste Mann im Staat vor seiner Sekretärin „die Hosen runtergelassen hatte". Doch wenn Bill Clinton in den Biographien seiner Amtsvorgänger blättert, kann er eigentlich ganz beruhigt sein. Im Lauf seiner Geschichte hat das Weiße Haus Trinker, Schwindler und Korrupte erlebt. Mehr als einmal wehten sogar Mordgerüchte durch die Hallen: Woodrow Wilson soll gemeinsam mit seiner zweiten Frau die erste First Lady vergiftet haben. Ehebruch ist in dieser Chronik der Affären und Skandale noch das kleinste Vergehen. Bereits der erste Präsident, George Washington, betrog seine Frau wieder und wieder. Und nicht selten mit sehr lebendigen Folgen. 1805 machte das Liebesleben des dritten Amtsinhabers, Thomas Jefferson, Schlagzeilen. Und sicher ist auch, dass John F. Kennedy seine schöne Frau Jacqueline nicht nur mit dem Hollywoodstar Marilyn Monroe betrogen hat. Eine andere Ehe im Weißen Haus aber hat lange Zeit für makellos und vorbildlich gegolten. Vor allem Anna, der First Lady, die ihren Gatten bedingungslos unterstützte, galt die Hochachtung der Amerikaner. Der Schock war riesengroß, als nach dem Tod des Präsidenten bekannt wurde, dass er seine Anna mehr als 30 Jahre lang mit ihrer eigenen Sekretärin – Lucy Page Mercer – betrogen hatte. Sogar in der Stunde seines Todes war Lucy und nicht Anna an seiner Seite. Was jedoch bis vor kurzem keiner ahnte: Auch Anna hatte offenbar ein Doppelleben geführt. Von 1933 an hatte sie – manchmal täglich – bis zu fünfzehn Seiten lange Briefe an eine Person namens „Hicks" geschrieben. Erst 60 Jahre später, bei Recherchen über das Leben einer bekannten Journalistin tauchte ein Teil dieser Briefe wieder auf, und die Biographie der Journalistin mit dem Titel „Empty without you" enthüllte posthum ein erstaunliches Vierecksverhältnis: Nicht genug, dass der Regierungschef eine Liaison mit der Sekretärin seiner Frau hatte, es wurde offenbar, dass auch seine Frau Anna überraschenderweise in eine Liebesbeziehung verstrickt war. Und zwar ebenfalls mit einer Frau.

Die Briefe, die Anna an „Hicks" schrieb, zeigen eindeutig: Sie hatten eine Zeitlang ein lesbisches Verhältnis – die Journalistin Lorena Hickok und die Frau des 32. Präsidenten der Vereinigten Staaten von Amerika – ANNA, ELEANOR ROOSEVELT.

Ziemlich riskante Einsparung

Grace Murray Hopper ist 80 Jahre alt, als sie aus der US-Navy ausscheidet. „Amazing Grace" wurde die Mathematikprofessorin von ihren Bewunderern genannt, und sogar ein Kriegsschiff der amerikanischen Marine trägt ihren Namen. „Wenn eine Idee gut ist, dann musst du sie einfach durchsetzen", war immer ihr Motto gewesen. Und sie hatte wirklich vieles in die Tat umgesetzt, was ihr wiederum viele Auszeichnungen und Ehrungen eingebracht hatte. Unter anderem erhielt Grace auch den kuriosen Titel „Man of the Year". Und Präsident Bush überreichte ihr schließlich die höchste amerikanische Auszeichnung für Verdienste um den technischen Fortschritt, die „National Medal of Technology". Dabei ist es für die Professorin der Mathematik anfangs gar nicht so einfach gewesen, überhaupt bei der Marine aufgenommen zu werden. Im Alter von 37 Jahren war sie eigentlich zu alt und galt mit einem Gewicht von 52 Kilogramm noch dazu als stark untergewichtig. Dennoch hatte sie ihr Ziel erreicht und war 1943 bei der US-Marine gelandet. Der patriotische Dienst brachte Grace dann aber zurück an die University of Harvard, wo sie den ersten amerikanischen Computer programmierte. Tausende diffiziler Maschinenbefehle wurden von ihr auf Lochkarten gestanzt, eine komplizierte Tätigkeit, die höchste Konzentration und großes Fachwissen erforderte. Grace, die sich das Ziel gesetzt hatte, diese Arbeit zu vereinfachen, stellte 1952 mit „Compiler" die erste Programmiersprache vor, die in der Lage war, Befehle in normaler Anwendersprache anzunehmen und selbsttätig in Computercodes umzuwandeln. In dieser Richtung arbeitete Grace dann unaufhörlich weiter, bis sie 1959 „COBOL" präsentieren konnte – die Computersprache, die sich im letzten Jahrhundert zu der am weitesten verbreiteten Programmiersprache der Welt entwickelte. Doch ihr System hatte dennoch einen Haken. Weil die frühen Rechner Informationen nur begrenzt erfassen konnten, hatte „Amazing Grace" 1952 ganz generell zwei Speicherplätze einsparen müssen. Ende des Jahres 1999 wurde das zum Problem. Es hätte sein können, das die Computer die Umstellung von „99" auf „00" als Rückschritt begreifen würden.

Bis zum 1. Januar 2000 war es nicht sicher, ob nicht Grace Murray Hopper die Computer der ganzen Welt mit ihrer Einsparung stark in Bedrängnis bringen würde. Doch wunderbarerweise blieb es aus: das befürchtete Chaos der MILLENNIUMSPANNE.

025 BEMERKENSWERT

Indische Gurus – also spirituelle Lehrer – füttern ihre Anhänger gern mit rätselhaften Sinnsprüchen, um ihnen Gelegenheit zu geben, sich im Meditieren zu üben. „Om mani pad mehum" ist eine der Formeln, die buddhistische Mönche oft stunden- und tagelang vor sich hin murmeln. Solche und auch andere – manchmal völlig bedeutungslosen Sätze – werden Mantras genannt und dienen der Disziplinierung des Körpers und des Geistes. Auch unsere westliche Kultur kennt etwas Ähnliches. Allerdings wird es in einem anderen Kontext angewandt, nämlich in Liedern oder eher noch in oft recht albernen Massengesängen. Wir bezeichnen es dann als Refrain und wiederholen es so oft wie nur möglich. Manche dieser Refrains sind reine Lautmalerei und genauso sinnlos und unverständlich wie die Mantras – beispielsweise das im rheinischen Karneval übliche „Umba-umba-tätärä!". Es gab aber auch sehr konkrete Refraintexte, die durch ihre animierenden Botschaften dem Wohlbefinden so nützlich waren, dass sie in kurzer Zeit zu Welt-Hits aller Frohnaturen wurden. Solches war jedenfalls dem äußerst eingängigen Song eines amerikanischen Musikers beschieden, der mal als seriöser Pianist angefangen hatte und sich danach auch wieder der etwas ernsthafteren Musik zugewandt hatte. Oder, sagen wir mal der eine Art Cross-Over vollzog, indem er als Dirigent des Saint Paul Chamber Orchestra auftrat, aber dort zur Musik von Mozart, Bach und Tschaikowsky auch seine unverkennbare Stimme erklingen ließ. Diese vokale Präsenz verschaffte ihm 1988 seinen größten und mehrfach mit Platin-Awards ausgezeichneten Hit. Der Refrain des Songs, den er so unermüdlich sang, hört sich ganz ähnlich an wie ein Mantra. Und als solches soll er einst auch von einem indischen Guru mit dem unerschütterlichen Glauben an das Gute im Menschen – und wohl auch an das angenehme Leben nach dem Tod – benutzt worden sein. Es ist allerdings nicht bekannt, ob der Sänger Bobby McFerrin jenen Guru jemals getroffen hat.

Guru Meher Baba soll jene absolute Formel des positiven Denkens 44 Jahre lang als „letzte Worte" vor sich hin gebrabbelt haben. Bobby McFerrin aber machte dieses eingängige Mantra in aller Welt bekannt mit dem Song „DON'T WORRY, BE HAPPY!"

Kratzige Missverständnisse 026

Wieder einmal war Edwin Cox aus San Francisco den ganzen Tag von Tür zu Tür gegangen, und hatte versucht, seine neuesten Kochtöpfe aus Aluminium „an die Frau zu bringen". Doch die Hausfrauen hatten ihn nicht einmal in ihre Häuser, geschweige denn in ihre Küchen gelassen, um seine Produkte vorführen zu können. Edwin dachte schon eine Weile darüber nach, was er als Gratisgeschenk benutzen könnte, um ins Geschäft zu kommen. Ihm war klar, dass die Säuberung der Töpfe für die meisten Frauen das Unangenehmste am Kochen war. Deswegen kam der clevere Handelsvertreter schließlich auf eine gar nicht so dumme Idee. Er tauchte kleine Schwämmchen in eine Seifenlösung und ließ sie trocknen. Mrs. Cox, die ihrem Mann bei der Herstellung half, nannte die kleinen Schwämmchen einfach „S.O.S.". Das war für sie die Kurzform für „Safe our Saucepans" – auf deutsch in etwa „Schützt unsere Schüsseln". Wie die meisten Menschen glaubte nämlich auch sie, die drei Buchstaben „S.O.S." des Notrufs auf See wären einst ganz generell als Abkürzung für „Save Our Ships" entstanden. Edwin hatte die Idee seiner Frau begeistert aufgegriffen. Allerdings wusste er, dass der Morse-Notruf, auf den sich alle Nationen als einheitliches Signal geeinigt hatten, in Wirklichkeit keineswegs die Abkürzung für „Save Our Ships", „Save our Souls" oder sonst eines gängigen Rettungsrufs war. Es handelt sich dabei aber um keinerlei Abkürzung. Samuel Morse hatte, als er 1838 seinen Telegraphencode entwickelte, nur die Absicht gehabt, eine einprägsame Kombination von Punkten und Strichen zu finden, die sich jeder merken konnte. Auch einem Amateur sollte im Notfall der lebensrettende Code einfallen, deshalb hatte er dem internationalen Ausschuss für den Notruf einfach die gängige Kombination von jeweils drei gleichen Zeichen empfohlen. Nun war es aber so, dass in dem von Morse erfundenen ABC nur zwei Buchstaben diese Bedingung erfüllten: das O bildeten drei lange und das S drei kurze Signalzeichen! Das Notsignal hätte also auch O.S.O. lauten können. Wie dem auch sei – die seifengetränkten Topfreiniger wurden in den USA als „S.O.S.-Pads ein voller Erfolg, und Edwin gab den Handel mit Töpfen und Pfannen sehr bald auf.

Er verlegte sich ganz auf die Herstellung der als Gratisgeschenke erfundenen Topfreiniger. Natürlich gibt es auch in Deutschland seit langem diese praktischen Abkratzer. Aber nicht unter dem Namen S.O.S. Bei uns heißen sie einfach ABRAZZO oder AKO-PADS.

027 Gewiss kein Selbstmord

Es ist inzwischen eindeutig klar, dass Roberto ermordet wurde. Doch die Täter werden wohl nie zur Verantwortung gezogen. Hätte nicht ein Mafiaboss ein bisschen geplaudert, und wäre nicht von Anfang an angezweifelt worden, dass Roberto Selbstmord begangen hatte, dann würde vielleicht ein ganzes Kapitel der Weltgeschichte noch immer falsch interpretiert. So aber ist Jahre nach Robertos schaurigem Ende immerhin klar, weshalb er zu Tode kam. Eine „Heilige Allianz" hatte sich Anfang der 80er Jahre des 20. Jahrhunderts zusammengefunden, um die Welt zu verändern. Es musste aber alles ganz im Geheimen geschehen, denn es ging darum, das damals herrschende labile Gleichgewicht zu verschieben. Aber möglichst, ohne einen Krieg zu entfachen! Die Kommunisten waren derzeit eher froh über die bestehende Balance, doch der Westen wollte den Kampf gegen den Kommunismus nicht aufgeben. Wie konnte dieser Zustand am besten geändert werden, ohne dass ein Flächenbrand entstand? Die einschlägigen Experten der USA fanden die Schwachstelle. Sie wussten aber, dass sie massive finanzielle Unterstützung brauchten, um ihr Ziel zu erreichen. Für die geplanten Transaktionen – das zeigte sich bald – war Roberto genau der richtige Mann. Er war Bankier in Milano und mit allen Wassern gewaschen. Doch mit seiner Menschenkenntnis haperte es. Er ließ sich ein auf einen zwielichtigen Deal, der ihn geradewegs in den Ruin trieb. Erst im allerletzten Moment durchschaute er die Sache und hatte vor, auszupacken. Zunächst aber hatte er noch etwas in London zu regeln. Was, das weiß man bis heute nicht genau. Durch die angebliche Flucht bot sich aber die Chance zu seiner Beseitigung. Mit Hilfe eines Mafia-Killers gelang es, seinen „Selbstmord" unter einer Londoner Brücke vorzutäuschen, wobei die Schulden seines Bankhauses die Sache plausibel machten. Was keinesfalls „ausgepackt" werden sollte, war der enorme illegale Geldtransfer, den Robertos „Banco Ambrosia" zu Gunsten der polnischen Gewerkschaft „Solidarnoc" tätigte. Ein Deal, an dem Papst Woytila und Präsident Reagan – beides bekanntlich Kommunistenhasser – beteiligt waren.

Zweck dieser „Holy Alliance" war, durch finanzielle Unterstützung der „Solidarnoc" den Sturz des kommunistischen Regimes in Polen herbeizuführen. In den Tresoren des Vatikans lagern sie noch immer: die Geheimunterlagen zum Fall des Bankiers ROBERTO CALVI.

Späte Heimkehr

028

König sei man nur, wenn man wirklich frei sei, hatte Friedrich der Große apodiktisch behauptet. Doch dieser Spruch, der früher in allen Schulbüchern zu lesen stand, fiel dem Preußenkönig ausgerechnet in einem für ihn recht brenzligen Moment ein: Er war gerade mitten im Krieg und musste – mit Recht – um sein Leben bangen. Doch die Schlacht wurde gewonnen. Und dieser Umstand bewahrte des Königs Lieblingsbaumeister und guten Freund Georg Wenzeslaus von Knobelsdorff vor dem vorzeitigen Bau eines Mausoleums in Rheinsberg. Denn nur dort – so forderte es die Weiterführung von König Friedrichs Ausspruch – hätte seine Urne aufbewahrt werden dürfen „... wie die von Horaz in Tuskulum". Da Friedrich 1841 doch nicht zu Tode kam, sondern so frei leben konnte, wie er wollte, musste von Knobelsdorff zunächst noch einige andere Bauwerke zu Ehren und Nutzen seines anspruchsvollen Herrschers errichten. Unter anderem entstanden die Berliner Oper und Friedrichs geliebtes Lustschloss Sanssouci, nahe Potsdam. Noch viele Kriege sollten den damals gerade frisch angetretenen König während seiner nächsten vierzig Lebensjahre beschäftigen. Aber – wie allgemein bekannt – widmete sich Friedrich der Große außerdem emsig den Schönen Künsten. Und auch der Philosophie und der französischen Sprache, in deren Umgang er sich mit seinem hoch geschätzten Freund, dem Philosophen Voltaire, nur zu gern übte. Um aber auch dem Volk die hehre Kunst ein bisschen näher zu bringen, gab Friedrich seinem Freund und Baumeister von Knobelsdorff den großzügigen Auftrag für die Aufstellung einer Anzahl von mythologischen Skulpturen rund um den so genannten „Großen Stern" – jene große Straßenkreuzung im Bezirk Tiergarten. Diese Statuen wurden schnell zu einem ganz besonderen Anziehungspunkt für die Berliner. Allerdings war der Weg dorthin für manchen Kunstbeflissenen ganz schön weit und zeitaufwändig, denn die öffentlichen Verkehrsmittel waren noch rar. Und die einfachen Leute gingen schon aus Kostengründen meistens zu Fuß. Bald schon hatte der typisch schnoddrige Berliner Volksmund jenen auffälligen Sandsteinfiguren einen etwas verunglimpfend klingenden, aber andererseits gar nicht so unpassenden Namen gegeben.

Wenn manchmal die Rede ist von einem unerträglich langen Weg, einer durchfeierten Nacht oder einer abendlichen Veranstaltung, die erst am frühen Morgen endet, dann sagt man noch heute – und nicht nur in Berlin: Das ging ja mal wieder „BIS IN DIE PUPPEN".

Kein Kinderspiel

029

Was wäre, wenn ...? Diese im Allgemeinen recht müßige Frage stellt sich in dem einen oder anderen Fall fast zwangsläufig. Dann nämlich, wenn die Konsequenzen kaum ausdenkbar gewesen wären. Wenn beispielsweise die Eltern eines etwa dreizehnjährigen Jungen nicht ausgegangen gewesen wären, als er eines Tages mit den vom letzten Silvester übrig gebliebenen Feuerwerkskörpern anfing Experimente zu machen, dann ...? Tja, dann würde die Welt heute vielleicht anders aussehen. Den Jungen interessierte an dem Feuerwerk allerdings nicht so sehr der Knalleffekt. Es ging ihm mehr um die grundsätzlichen Strukturen von Technik und Energie. Da die wohlhabenden Eltern seinen ausgefallenen Experimenten gegenüber eher skeptisch waren, machte er seine etwas waghalsigen Experimente lieber in ihrer Abwesenheit. So saß er dann eines Tages mit einigen Feuerwerkskörpern und einem Spielzeugauto vor der Haustür und tüftelte: Es lag ihm nichts daran, die Dinger nur einfach in die Luft zu jagen. Er wollte etwas ausprobieren, wollte etwas bewegen. Wenn schon eine dieser Raketen hoch in die Luft flog, wie viel höher würde dann ein ganzes Bündel fliegen? Wenig später riefen zu Tode erschreckte Leute, die hundert Meter weiter unten in der Straße wohnten, die Polizei. Sie erklärten, es hätte direkt vor ihrer Tür eine heftige Explosion gegeben. Die Polizisten waren höchst verwundert über den offenbar gestörten Halbwüchsigen, der immer nur stammelte: „Ja, es stimmt, es stimmt! Es hat wunderbar funktioniert!" Da seine Eltern wie gesagt nicht da waren, nahm die Polizei ihn erstmal mit. Das hat ihn aber nicht davon abgehalten, wenige Jahre später Karriere zu machen: Er promovierte mit 22, und bald darauf war er schon Leiter eines nationalen Forschungsprojekts. Dann geriet er zwar unter einem weltweit verfemten Regime etwas in die Bredouille. Aber schließlich holten ihn sich die USA als den einzig kompetenten Mann für ihre wahrhaft hoch fliegenden Pläne. Für ihn war es alles nur die überdimensionale und so zu sagen „spacemäßige" Fortsetzung seines Experiments mit den Feuerwerkskörpern und dem daran befestigten kleinen roten Spielzeugauto, das er als Teenager in die Luft gejagt hatte.

Seine frühen Erkenntnisse beim Kinderspiel führten später zum Bau der „Saturn-5-Rakete" im Raumfahrtprogramm der USA, ohne die es keine Mondlandung gegeben hätte. Der kleine kreative Bastler war nämlich der geniale WERNHER VON BRAUN.

030 Midlife-Crisis

Er ist ein Freund der Frauen. Und sie laufen auch nicht vor ihm davon. Sie lieben ihn aber keineswegs wegen seines Aussehens oder seines Charmes. Er ist der Boss, und seine erotische Ausstrahlung ist die Macht. Doch in letzter Zeit fühlt er eine innere Unruhe. Er ist einundfünfzig, und er will Spaß haben. Die Wochenend-Ehe, die er notgedrungen führen muss, um seinen Beruf ausüben zu können, langweilt ihn. Seine Frau nennt er schon lange nur noch „Mami", seine drei Kinder liebt er – natürlich. Aber das kann doch nicht alles sein! Er fühlt sich gefangen und gefesselt. Da passiert ihm etwas Wunderbares, und seine Depressionen sind vergessen. Das Wunder heißt Ulli, und ist eine siebzehnjährige Gymnasiastin aus bester Kölner Familie. Und trotz des Altersunterschieds scheint es die große Liebe zu sein. Für beide. Heimlich trifft er sich mit der Schülerin in seiner Zweitwohnung. Er, der Altphilologe, hilft ihr bei den Schularbeiten, und zum Abitur schenkt er ihr ein Auto: einen gebrauchten VW-Käfer. Beide malen sich schon bald ein gemeinsames Leben aus, und er zieht ernsthaft in Betracht, sich von „Mami" zu trennen. Eines ist ihm vollkommen klar: Es gibt unweigerlich einen Riesenskandal, wenn er seine Familie ausgerechnet wegen des jungen Mädchens verlässt. Dennoch ist er bereit, einen Neuanfang zu wagen. Sollten die Leute halt reden, so viel sie wollten! Seiner Frau war seine neu erwachte Vitalität natürlich nicht entgangen. Sie lebte nicht hinterm Mond und ahnte wohl bald den Grund. Eine Weile hält sie sich zurück, glaubt an ein kurzes Abenteuer. Aber dann entschließt sie sich überraschenderweise, mit ihrer Rivalin zu reden. Es ginge ja nicht um sie, sondern um die Kinder und die Karriere ihres Mannes, erklärt sie dem Mädchen. Und das kapituliert schweren Herzens. Er aber hätte „bittere Tränen geweint, als er sich von Ulli trennte" notierte sein damaliger persönlicher Referent und Vertrauter. Wie er auf die Nachricht reagierte, dass Ulli bald darauf den späteren Bundesbankpräsidenten heiratete, wissen wir nicht. Doch da hatte er die alte Power längst wieder zurückgewonnen und war verliebt wie nie zuvor in seine wahre Geliebte, die Macht.

Denn der Mann, der sich schließlich doch für seinen Dienst am Staat – und damit gegen den Liebesdienst – und wohl auch gegen einen riesigen Skandal entschieden hatte, war der CSU-Vorsitzende und damalige Bundesfinanzminister FRANZ JOSEF STRAUSS.

Reden übers Wetter

031

Daniels Wissensdurst war erstaunlich. Ihn interessierten die unterschiedlichsten Dinge: der Schmelzpunkt von Gold, Tierversuche, das Modell eines menschlichen Auges. Als erstes konstruierte er eine Wasserhebemaschine zur Entwässerung von Poldern. Dann erfand er verschiedene, alltäglich nutzbare technische Neuerungen und Apparaturen. Und obwohl er keine akademische Ausbildung hatte, wurde er von dem weltberühmten Wissenschaftler Isaac Newton in die englische Royal Society aufgenommen. Das hätte er sich nie träumen lassen! Sein sehnlichster Wunsch, Medizin zu studieren, wurde durch ein Pilzgericht vereitelt, als er gerade 15 Jahre alt war: Beide Eltern starben an der Vergiftung. Daniel wurde bei entfernten Verwandten untergebracht, und die hatten ganz andere Pläne mit ihm: Statt seine Nase in wissenschaftliche Bücher zu stecken, sollte der Junge „was Anständiges lernen". Das hieß: Kaufmann werden wie sie. Doch kaum war die Lehre abgeschlossen, da machte sich Daniel auf zu einer Studienreise. Seine schon lange zuvor anvisierten Ziele lagen in England, Frankreich, Schweden und Dänemark. Theoretisch wusste er genau, was er wollte. Aber er hatte keine Ahnung, wie das zu bewerkstelligen war. Doch es dauerte nicht lange, da korrespondierte Daniel mit den berühmtesten Naturwissenschaftlern seiner Zeit. Und zwar über Wetter, Wind und Regen. Vor allem aber waren es die wechselnden Temperaturen, die im Zentrum seines Ideengebäudes standen. Es gingen ihm auch andere Dinge durch den Kopf. Hauptsächlich beschäftigte ihn das merkwürdige Phänomen, dass sich Luft, Wasser, Öl und Alkohol bei Erwärmung ausdehnten. Könnte man sich das nicht irgendwie zunutze machen? Bald fand er Fixpunkte, auf deren Basis er ein ausgeklügeltes System entwickelte. Dabei bezog er sich auf den Schmelzpunkt von Eis und auf den Punkt, an dem sich Alkohol bei Abkühlung nicht mehr zusammenzog. Sein dritter Aspekt war die menschliche Körpertemperatur. Durch simple, genial logische Berechnungen erstellte er vergleichbare Messungen. Er maß und normierte die jeweiligen Veränderungen, ohne die beispielsweise alle Wetterberichte unvollständig wären. In den angelsächsischen Ländern misst man bestimmte Werte noch immer nach der von ihm geschaffenen Skala.

Ob beim Wetter, bei Fieber oder beim Kochen: Erst durch seine geniale Erfindung waren Anfang des 18. Jahrhunderts genaue Messungen möglich. Denn er – der Physiker Daniel Gabriel Fahrenheit – konstruierte das erste funktionierende THERMOMETER.

032

Bettgeflüster

Mitte der Dreißiger Jahre wurden im deutschen Film Verfahren und Tricks angewandt, die an die Darsteller manchmal kuriose Anforderungen stellten. So auch in dem musikalischen Komödien-Klassiker „Amphitryon". Vor allem von einem der hochkarätigen weiblichen Stars wurde viel Anstrengendes verlangt, weil ein ganz bestimmter Effekt erzielt werden sollte. Mit ihren Partnern Willy Fritsch und Paul Kemp sollte die Diva, auf der Krücke eines Regenschirms sitzend, gen Himmel schweben. Sie weigerte sich vehement und unterstrich ihre Angst schließlich durch heftiges Weinen. Aber da hatten die Techniker das Schirm-Monstrum schon in die Höhe gehievt. Nach einer Weile wollte sie dann gar nicht mehr runter geholt werden! Später behauptete sie mit der für sie überall als ihr Markenzeichen geltenden Schrulligkeit, sie hätte vor lauter Freude geweint, weil es da oben so schön gewesen sei. Man sah ihr diese Marotten nach, denn sie war zu diesem Zeitpunkt schon über siebzig. Als junge Schauspielerin am Wiener Burgtheater hatte „Dilly" – wie man sie zu der Zeit nannte – mit ihrem Temperament, ihrer faszinierenden Ausstrahlung und nicht zuletzt mit ihrem Mutterwitz, sowohl das Publikum begeistert, als auch einen zu jener Zeit recht bekannten Theaterautor. Der wurde bald ihr Liebhaber, und aus seinen etwas indiskreten Tagebuchaufzeichnungen ist so manche ihrer ausgesprochen sarkastischen Schlagfertigkeiten der Nachwelt erhalten geblieben. Demnach soll sie in der ersten gemeinsamen Nacht bemerkt haben: „Bist wem untreu, Thuri? Tröst' dich, ich ebenfalls!" Sie hatte allerdings auch die Sensibilität, schon im Voraus zu spüren, was er später unmissverständlich seinen ganz privaten Aufzeichnungen anvertraute: „Nachts bei Dilly – bis fünf in der Früh. Sehr hübsch, aber doch etwas zu lange." Sie war es nämlich, die diese Liaison, trotz seiner Liebesbezeugungen wie „Mein Engerl, Dämon, Tragödin, süßes Herz, Canaille ..." von sich aus beendete. Thuri war kein anderer als Arthur Schnitzler, der Meister der Gestaltung seelischer Zustände. Durch Dilly hatte er eindeutig und intensiv die weibliche Psyche kennen gelernt, und in seinen Stücken ist sicher manche Männer mordende „femme fatale" seiner damaligen Geliebten nachempfunden.

Wir allerdings kennen sie meist als zeternde Juno, kommandierenden Hausdrachen oder als die komische Alte des deutschen Films. Doch sie war auch die freche Dilly – die damals noch sehr junge Geliebte Arthur Schnitzlers – die unverwechselbare ADELE SANDROCK.

033 Der Pflanzenflüsterer

Das Menschenbild in der Sowjetunion war im 20. Jahrhundert – wie jeder weiß – durch die marxistische Theorie bestimmt. Demnach ist es nicht das Bewusstsein der Menschen, das ihr Sein bestimmt, sondern es ist die gesellschaftliche Zugehörigkeit, von der das Bewusstsein bestimmt wird. Das bedeutete, dass die kommunistische Prägung des Menschen durch Milieueinwirkung irgendwann auch ins Erbgut übergegangen sein müsste. Analog zu dieser Maxime stellte Trofim Denissowitsch Lysenko – einer der führenden sowjetischen Biologen – die These auf, auch Pflanzen wären in der Lage, durch Umwelteinflüsse erworbene Eigenschaften erblich an die folgenden Generationen weiterzugeben. Partei- und Staatschef Stalin, der mit Engpässen im Ernährungsbereich zu kämpfen hatte, war begeistert. Damit konnte man einem gravierenden Problem zu Leibe rücken: der mangelnden Kälteresistenz verschiedener Getreidesorten. Mit der neuen kommunistischen Biologie würde nach einer gewissen Anlaufzeit auch in den sibirischen Regionen der erfolgreiche Getreideanbau möglich werden. Lysenko wurde zu Stalins bevorzugtem Protegé, unabhängig davon, dass die von ihm aufgestellte Theorie in totalem Widerspruch zu den anerkannten Mendelschen Prinzipien der Vererbungslehre stand. Seine kommunistische Genetik sollte er auf der Stelle in die Praxis umsetzen. Jegliche Kritik daran war verboten. So kam es, dass nach und nach große Teile der sowjetischen Landwirtschaft vollkommen umgestellt wurden. Sommerweizen wurde im Spätherbst ausgesät, denn das war der Weg, den der Chefbiologe vorschlug, um Sommergetreide zu Wintergetreide umzuerziehen. Man musste es nur lange genug im Herbst aussäen, dann würde es sich schon der Witterung anpassen. Doch diese These bewahrheitete sich einfach nicht. Mehrere Generationen des im Winter gesäten Sommerweizens widersetzten sich starrköpfig den Erziehungsmaßnahmen. Schlimme Missernten waren die Folge. Der Sozialismus geriet ins Wanken.

Im Jahr 1964 gipfelte der unaufhaltsame Niedergang der Wirtschaft. Doch es war Stalins Nachfolger, der schließlich ausbaden musste, was sein Vorgänger verbockt hatte.

Die katastrophale Ernährungslage Anfang der 60er Jahre war die Ursache für den Sturz des sowjetischen Ministerpräsidenten Nikita Chruschtschow. Urheber aber war der zwar wohlmeinende, aber erfolglose "Pflanzenflüsterer" TROFIM D. LYSENKO.

Zerstörerische Leidenschaft

034

Von klein auf möchte sie Künstlerin werden. Sie erkämpft sich eine Ausbildung, ist aber voller Selbstzweifel, ob ihre Fähigkeiten wirklich ausreichend sind. Daher überwältigt es die achtzehnjährige Camille, als ein um Jahre älterer und sehr berühmter Künstler Interesse an ihr zeigt. Und sie widersteht ihm nicht, als er sie zu seiner Geliebten machen will. Doch er ist wohl nicht so uneigennützig, wie es auf den ersten Blick aussah. Er hat sich schon immer nur das geholt, was er für sich selber braucht und haben will. Es interessiert ihn überhaupt nicht, was sie sich ersehnt: seine Anerkennung ihrer Kunst, seine beständige Zuneigung. Er sieht in ihr vor allem ein Lustobjekt, ein schönes Model und auch seine Muse. Sie liebt ihn zwar leidenschaftlich, erträgt aber die Erniedrigungen nicht, die er ihr als Frau antut. Er betrügt sie ständig und verhöhnt sie, wenn er merkt, wie sie leidet. Dass er sie dann aus seiner Nähe verbannt und ihr eine kontinuierliche Arbeit unmöglich macht, muss man fast als Mobbing bezeichnen: Offenbar hat er geahnt – aber nicht mit seinem Ehrgeiz vereinbaren können – welch künstlerisches Potential in der jungen sensiblen Frau schlummerte. Mag sein, dass er deshalb fürchtete, seine eigene monumentale Kunst könnte neben der ihren nicht bestehen und würde in jedem Fall verblassen. Als er schließlich auch noch eine eindeutig opportunistische Liaison mit einer einflussreichen Dame aus dem Hochadel eingeht, bricht für Camille die Welt endgültig zusammen. Sie kann es einfach nicht fassen, dass seine menschlichen Qualitäten wirklich so wenig integer sind. 1882 hatte Camilles Bruder Paul noch über seine begabte Schwester geschrieben: „Sie ist ein junges Mädchen im sieghaften Glanz der Schönheit und des Genies." Doch schon bald wurde aus Camille eine verwahrloste, von Furien gehetzte, hilflose Person, die überhaupt nicht mehr sie selber war. Sie starb nach einem langen Martyrium in der Irrenanstalt von Montdevergues. Erst 1984, bei der ersten Ausstellung ihres schmalen Gesamtwerks in Paris, wurde der Welt offenbar, dass sie – Camille Claudel – eine der bedeutendsten Bildhauerinnen der beginnenden Moderne gewesen ist. Und das Entsetzen war groß.

Nicht zu glauben, dass ein berühmter Bildhauer seine hoch begabte Geliebte durch Neid und Egozentrik zur Verzweiflung trieb und damit ihre Karriere verhinderte: der Schöpfer weltbekannter Skulpturen wie „Die Bürger von Calais" – AUGUSTE RODIN.

035 Eine historische Tat

Die Pferde stampften ungeduldig auf dem Pflaster. Schnell wurden noch ein paar Koffer und Taschen auf dem Dach der Kutsche festgezurrt, dann konnte es losgehen. Wie in jedem Sommer wollten auch am 26. Juli des Jahres 1844 König Friedrich Wilhelm IV. von Preußen und seine Gattin Elisabeth ihre übliche Kurreise nach Bad Ischl antreten. Der Aufbruch fand wie immer sehr früh am Morgen statt. Dennoch hatte sich eine kleine Menschenmenge am Straßenrand eingefunden, um ihrem König zu huldigen. Plötzlich blitzt in unmittelbarer Nähe der königlichen Kutsche ein Feuerstrahl auf, ein Knall, großer Tumult, die Polizei greift ein. Ein Mann wird auf der Stelle verhaftet! War er der Schütze? Und was hatte er für ein Motiv? fragte man sich. In offiziellem Amtsdeutsch wird über den Vorfall nur Folgendes berichtet: „Heinrich Ludwig Tschech hat am Morgen des 26. Juli mit einer Doppellauf-Pistole aus unmittelbarer Nähe auf seine Majestät den König zwei Kugeln abgeschossen in der Absicht, den Allerhöchst selben zu töten." Das Motiv dieser Tat konnte nicht wirklich eindeutig geklärt werden. Doch nach dem Anschlag waren in den Zeitungen zahlreiche offizielle Huldigungsgedichte auf das Königspaar erschienen. Und auf der Straße sang man allenthalben ein seltsames Lied – eine Art Moritat, die bald ein großer Hit wurde. Er beginnt mit der Zeile „Sagt wer war wohl je so frech, wie der Bürgermeister Tschech?" Und weil sich eine der Kugeln aus der Pistole des Schützen Tschech, der anscheinend Bürgermeister gewesen ist, in den gut gefütterten Kleidern der Königin Elisabeth verfangen hat, hieß es weiter: „... schoss auch noch der Landesmutter – durch den Rock ins Unterfutter." Das kleine Liedchen ist heute vergessen. Doch es hat trotzdem eine vor allem in unserem Strafsystem, aber auch in unserer Umgangssprache gebräuchliche Veränderung hervor gebracht, denn es tauchte darin erstaunlicherweise eine Bezeichnung auf, die zuvor in keinerlei explizit kriminellen Bezug oder überhaupt irgendwo benutzt worden war. Im Refrain des Liedes hieß es nämlich: „So'n verfluchter Hochverräter, Königsmörder, Attentäter."

Abgeleitet von Lateinisch „attentare" gab es im Deutschen zwar ein Wort, das so viel wie Versuch, Wagnis bedeutete. Das Lied personifizierte nun einen Mordanschlag, indem es Tat und Täter mischte: Denn wer begeht ein Attentat? Natürlich nur ein ATTENTÄTER.

036

Verliebter Kardinal

Die Königin Marie Antoinette hatte immer schon eine Abneigung gegen Kardinal Louis de Rohan. Sie wusste, dass er 1774 aus Wien abberufen worden war, weil er das Missfallen der Kaiserin Maria Theresia erregt hatte. Der Kardinal aber war ganz versessen auf ihre Gunst. Doch keiner seiner Versuche, sie zu treffen, hatte bisher Gehör gefunden. Eines Tages aber versprach ihm eine der Hofdamen der Königin, die Comtesse de la Motte, ein heimliches Rendezvous im Schlosspark zu arrangieren. Als der Kardinal Marie Antoinette auf sich zukommen sah, warf er sich ihr zu Füßen, um ihr seine Verehrung – ja – seine Liebe zu offenbaren. Doch sie wandte sich ab und verschwand auf der Stelle. Noch zweimal kamen ähnliche Begegnungen zustande. Aber ohne dass es ihm je möglich gewesen wäre, mit der Königin zu reden, geschweige denn ihr wirklich nahe zu kommen. Er wäre bereit, alles für sie zu tun, hatte er der Gräfin de la Motte gestanden – wirklich alles. Marie Antoinette würde sich ihm vielleicht eher zuwenden, verriet ihm die Gräfin, wenn er ihr einen ganz bestimmten Diamantschmuck zukommen ließe. Die Gräfin selber erklärte sich bereit, ihr das Geschenk zu gegebenem Anlass zu überreichen. Außerdem sollte Rohan der Königin etwas Geld zur Verfügung stellen, um es an die Armen von Paris zu verteilen. Der Kardinal war bereit, der Königin seine Liebe zu beweisen und ließ ihr über die Gräfin eine nicht unbeträchtliche Summe zukommen. Ohne Zögern erwarb er auch das sündhaft teure Kollier, das sie sich so sehr wünschte. Marie Antoinette hat dieses Geschmeide nie bekommen. Und genauso wenig hat Kardinal Rohan seine Angebetete jemals persönlich getroffen. Es ist sogar sehr wahrscheinlich, dass die Königin von all dem gar nichts wusste. Die Frau, die der Kardinal stets nur von ferne getroffen hatte, war eine von der Gräfin engagierte, schauspielernde Prostituierte, die als Marie Antoinette verkleidet war. Auch das Armen-Geld hatte die Gräfin de la Motte in die eigene Tasche gesteckt, und sie war es, die den Schmuck, der 1785 die Affäre um die Königin auslöste, in London verkauft haben soll. Ganz Paris lachte über den irregeführten, verliebten Kardinal. Dennoch glaubte man überall, die Königin sei an der Sache beteiligt gewesen. 1789 wurde die Bastille gestürmt, um der Ausbeutung des Volkes ein Ende zu machen. Marie Antoinette starb auf dem Schafott.

So wurde die Französische Revolution, die ganz Europa erschütterte, zwar nicht ausgelöst, aber wohl beschleunigt durch den von der Comtesse de la Motte raffiniert eingefädelten Betrug um die Königin – die so genannte HALSBAND-AFFÄRE.

HAUSBAU ANDERSRUM

Walter wurde 1883 in Berlin geboren und studierte Architektur wie sein Vater. Der war zwar nicht sehr glücklich darüber, doch schon bei seinem ersten Auftrag konnte Walter sein Talent beweisen. Er hatte nie vorgehabt, einfach nur am Entwurf eines Bauwerks mitzuwirken, sondern wollte sein Vorhaben stets in allen Details von Anfang bis Ende begleiten. Sein Ziel war es, bei der Konzeption eines Gebäudes zwischen der Idee, dem Entwurf und den handwerklichen Bereichen des Bauens eine Synthese herzustellen. Mit den technischen Gegebenheiten befasste er sich schon vor dem Entwurf, und trotzdem betrachtete er das Ganze vorrangig als eine künstlerische Tätigkeit. 1919 bekam Walter in Weimar seine erste große Chance: Man war dort von seinen revolutionären Ideen über die Ausbildung von Architekten so sehr beeindruckt, dass er das Angebot bekam, eine neue Architekturschule zu gründen. Walter akzeptierte, und mit sicherem Instinkt gelang es ihm, erstmalig die Bereiche Kunst, Politik und Verwaltung zu einem gemeinsamen Projekt zusammenzufassen. Es war nur eine seiner Epoche machenden neuen Ideen, dabei mit vorfabrizierten Elementen zu arbeiten. Die mussten am Bauplatz nur einfach zusammengesetzt werden, und deshalb förderte er fortan in größerem Umfang die Herstellung solcher Teile. Gleichzeitig animierte er aber seine Schüler, dem leblosen technischen Produkt eine Seele zu geben. Spezielle Bauten der neuen Architektenschule entstanden später auch in Dessau und in Berlin. Sie fielen auf durch ihre dynamische Komposition und hatten oft asymmetrische Grundrisse. Zweckmäßigkeit und Einheit von Kunst und Handwerk war Walters Credo. Er verblüffte mit glatten weißen Außenwänden, mit der horizontalen Anordnung vieler Fenster. Seine neue Architektur hatte auch nachhaltige Wirkungen auf die Kunstpädagogik. Doch 1933 war Schluss damit, denn Walters Ideen entsprachen ganz und gar nicht den nationalsozialistischen Idealen. Es blieb ihm nichts anderes übrig: Er emigrierte in die Vereinigten Staaten und wurde dort schon bald Professor an der berühmten Harvard University. Bis heute aber gilt er vor allem als einer der bedeutendsten Architekten seines Jahrhunderts, und die an vielen Orten der Welt hinterlassenen Beispiele seiner Baukunst werden noch immer bewundert.

Walter Gropius – der Mann mit dem Hang zur Vereinfachung – hatte schon 1919 der Weimarer Architekturschule einen sehr typischen, schlichten, aber eingängigen Namen gegeben. In Umkehrung des Begriffs "Hausbau" nannte er es einfach BAUHAUS.

038 EIN ECHTER GLÜCKSFALL

Der junge Krieger mit den graugrünen Augen hatte wohl kaum die Chance, seiner wahren Bestimmung zu entkommen. Einmal ja gesagt, und dabei blieb es! Nur war er dadurch zu einer Figur geworden, die es in Wirklichkeit gar nicht gab, aber für seine Zielgruppe umso realer und greifbarer war. Er verkörperte sie in einer Weise, dass jedes Kind – ja, im Nachkriegsdeutschland auch jeder Mann – sich wünschte, genau so jemanden wie ihn in schwierigen Situationen an seiner Seite zu haben. Hauptsächlich aber hat er einem bestimmten Mann zur Seite gestanden, einem sehr typischen Amerikaner, der – ganz real – bei Kriegsende der jüngste Major der US-Armee gewesen war. Wie auch immer: Diese unverbrüchliche Männerfreundschaft war ein großer Glücksfall für den Graugrünäugigen gewesen. Mehr noch, er wurde zum Star und erlebte vielleicht sogar so etwas wie eine Seelenwanderung. 1929 war er im französischen Brest geboren, mit 15 Jahren als Anhänger de Gaulles in den Widerstand gegangen. Später hatte er sogar als Marinesoldat in Algerien und Indochina gekämpft. Aber er lernte bald, die Menschen zu unterscheiden und nicht alle über einen Kamm zu scheren. Dass er dann 1962 ausgerechnet in Berlin Karriere machte, verdankte er seinem blendenden Aussehen, durch das er in Paris der Schauspielerin Michèle Morgan aufgefallen war. Und sein Aussehen war es auch, wodurch er bei der „Berlinale" auf dem Dachgarten des „Hilton" wiederum jemandem – sozusagen als Geschenk des Himmels – erschien. Dieser Mann war ein echter „Macher", und schon seit Jahren von der fixen Idee besessen, einem exotischen Phantasie-Helden seiner Jugend Gestalt zu geben und ihn wieder so lebendig zu machen, wie nur irgend möglich. Auf den ersten Blick wusste er, dass er in dem Franzosen die Re-Inkarnation dieses Helden vor sich hatte: den edlen Wilden, von dem alle Welt träumen würde. Er engagierte ihn vom Fleck weg. Dass dieser Filmproduzent namens Horst Wendland dem jungen Mann jene leicht kitschige Traumrolle gab, änderte in der Tat sein ganzes Leben. Der Film „Der Schatz im Silbersee" machte ihn an der Seite des Amerikaners Lex Barker, alias „Old Shatterhand", schlagartig bekannt und beliebt. Jahrzehnte lange Auftritte bei den Sommerfestspielen in Elspe und Bad Segeberg ließen ihn dann endgültig in die Indianer-Geschichte eingehen.

Noch heute – und wohl in alle Ewigkeit – gilt er als die einzig wahre und reale Personifikation von Karl Mays „rotem Bruder" Winnetou, der im normalem Leben eigentlich weißhäutige, graugrünäugige französische Schauspieler PIERRE BRICE.

Ein schräger Schnitt

039

Vielleicht galt die Kugel, die ein französischer Soldat in der Schlacht bei Waterloo vom Dach des Anwesens La Haye Sainte abfeuerte, eigentlich dem obersten Feldherrn der Briten – dem Herzog von Wellington. Aber sie traf seinen Adjutanten Lord Fitzroy, James, Henry Somerset, und sie zerschmetterte ihm den rechten Ellbogen. Auf dem Operationstisch erwies sich der Verwundete als Held. Die Ärzte hörten kein Stöhnen, keinen Klagelaut als sie ihm den gesamten Arm abnahmen. Kaum war die Amputation erfolgt, da verlangte Lord Fitzroy Somerset nach dem abgetrennten Teil seines Körpers. Und zwar nur, um einen Ring von seinem kleinen Finger abzuziehen, der ein Geschenk seiner Frau war. Nach einer kurzen Erholungsphase stand der Lord dann wiederum in seiner alten Funktion als treuer Adlatus des Herzogs von Wellington im Feld. Obwohl Lord Fitzroy Somerset bis dato nie selbständig Truppen ins Feld geführt hatte, übertrug ihm die Königin daraufhin das Oberkommando für den Krimkrieg. Das war allerdings eine krasse Fehlentscheidung. Denn trotz seiner 66 Jahre hatte der Lord keinerlei Ahnung von der modernen Kriegsführung. Er war weder ein Soldatenvater wie General Blücher, noch ein charismatischer Feldherr wie Napoleon, und seine Soldaten wurden auf den Schlachtfeldern vor Sewastopol niedergemacht wie die Hasen, während er sein Leben wenig später als Opfer der Cholera-Epidemie aushauchte. Dass Lord Fitzroy Somerset dennoch bis heute nicht vergessen ist, verdankt er einer ziemlich eigenartigen Marotte. Statt einer Uniform pflegte er bis zu seinem Tod auch im Dienst stets legeres Zivil zu tragen, wobei sein beliebtestes Kleidungsstück ein ganz besonderer Wettermantel war. Der war speziell angefertigt worden und nach seinen ganz persönlichen Vorgaben zugeschnitten. Statt der üblicherweise betonten Schulterpartie verliefen bei diesem Stück die Ärmelnähte schräg aufwärts zum Kragen. Dies, so hatte es der einarmige Lord dem Schneider erklärt, sei für ihn praktischer, denn so könne er das schwere Stück bequemer an- und ausziehen.

In der Mode ist jene Schnitt-Technik, die den Mantel des Lords so besonders machte, noch heute bekannt. Und eine Art Hommage an ihn. Sein voller Name war Lord Fitzroy Sommerset, Baron Raglan of Raglan, und so entstand der Begriff Raglanärmel.

040 Zum Ruhm der Nationalkultur

Noch heute schätzt und bewundert man Leo vielerorts, denn er war ein unermüdlicher Wahrheitssucher und versuchte stets, dem Sinn des Lebens auf die Spur zu kommen. Dabei setzte er sich oft polemisch mit den herrschenden Gesellschaftsstrukturen auseinander und kämpfte sein Leben lang mit seinen ganz eigenen Mitteln gegen falsche Moral und soziale Ungerechtigkeit. Davon gab es zu seiner Zeit – in der zweiten Hälfte des 19. Jahrhunderts – wahrlich genug. Leo war ein studierter Mann, aber er war in jungen Jahren auch Offizier gewesen und hatte am Krieg teilgenommen. Später gründete er dann eine Schule für Bauernkinder, kam aber 1878 wegen der katastrophalen Zustände in seinem Land in eine schwere religiöse Krise. Schließlich glaubte er, in einem rationalistisch geprägten, sehr rigorosen Urchristentum und in strenger Befolgung der Bergpredigt für sich die richtige Lebensweise gefunden zu haben. Die Hinwendung zu Einfachheit, Barmherzigkeit und Friedfertigkeit – die er aber durchaus aggressiv vertrat und verteidigte – brachte ihm viel Schmach und Ärger ein. Doch vor allem seine Wahrheitsliebe war und blieb seine Leben lang eine seiner hervorstechenden Eigenschaften. Und so war es wohl unvermeidlich, dass er auch die Unterstützung, die von Seiten der russischen Amtskirche dem unmenschlichen Justizsystem des Zaren zuteil wurde, lauthals anprangerte. Daraufhin wurde er offiziell exkommuniziert. Ein ähnlicher Gerechtigkeitssinn wie der seines Urgroßvaters Leo hat dann auch Leos Urenkel Wladimir zu einem ungewöhnlichen Schritt veranlasst: Laut einer ITAR-TASS-Agenturmeldung hat Wladimir kürzlich dem russisch-orthodoxen Patriarchen Alexi II. einen offenen Brief geschrieben, in dem er darauf aufmerksam machen wollte, dass die Verdienste seines Urgroßvaters – trotz dessen Kritik an der Kirche – inzwischen überall auf der Welt voll anerkannt wären. Für die Kirche stünde doch inzwischen generell fest, dass ein orthodoxer Gläubiger „nicht von Gott zu trennen“ sei. Und das müsse auch für jenen Genius und Propheten gelten, der auf seine eigene Weise fromm gewesen sei. Es gehe hierbei um Stolz und Ruhm der National- kultur, weshalb dessen im Februar 1901 verhängte Exkommunizierung wegen Blasphemie endlich aufgehoben werden müsse, da die Menschheit inzwischen „ein höheres Niveau der Toleranz erreicht habe“.

Der Bannspruch war verhängt worden wegen angeblich blasphemischer Passagen in dem 1899 erschienenen Roman „Auferstehung“, geschrieben von Wladimirs weltberühmtem Urahn, dem großen russischen Romancier LEO NIKOLAJEWITSCH TOLSTOI.

Der Kostümball der Lady

Als höchster Repräsentant der britischen Königin in einer ihrer Kronkolonien im Indischen Ozean beschlossen Sir William Gomm und seine Gattin, im September 1847 einen Kostümball in der Hauptstadt Port Louis zu veranstalten. Die Einladungen zu dieser Party wurden per Post versandt. Die Gomms hatten auch auf den Nachbarinseln Rodrigues, Agalega, Cargados und Careine viele Freunde. Möglicherweise hat Lady Gomm deshalb dem Insel-Uhrmacher Joseph Osmond Barnard den Auftrag erteilt, eine besondere Art von Belegen für den Transport der Einladungskarten anzufertigen. Die spätere Behauptung, dass diese speziellen Quittungen – quasi als Laune von Lady Gomm – nur hergestellt wurden, um ihre Einladungen noch exklusiver zu gestalten, ist aber nicht stichhaltig. Ab dem 22. September des gleichen Jahres wurden diese „Quittungen" allerdings plötzlich öffentlich gehandelt und sollen schon nach kurzer Zeit ausverkauft gewesen sein. Über den Maskenball war wohl nichts weiter Besonderes zu sagen. Zumindest weltgeschichtlich gesehen passierte nichts, was eine Erwähnung über die Archive der früheren britischen Kolonialverwaltung hinaus verdient hätte. Dennoch gelang es dem Gouverneurs-Ehepaar, einen winzig kleinen, aber dauerhaften Platz im Gedächtnis der Menschheit einzunehmen. Es zeigte sich nämlich, dass die kleinen „Quittungen" aus dem Indischen Ozean über die Jahre hinweg weiterhin begehrt blieben. Eine davon tauchte sogar in Deutschland auf, wo sie dann während des Zweiten Weltkriegs im Dunkel eines thüringischen Kali-Schachts verschwunden sein soll. Doch 1976 kam sie wieder ans Tageslicht, und es gab zwei Amerikaner – einen ehemaliger Captain der US-Armee und einen Major –, die jeweils für sich beanspruchten, die „Quittung" gerettet zu haben. Diese wurde dann als Kriegsbeute deklariert und landete zunächst bei der Zollbehörde der USA. Später wurden die Besitzverhältnisse geklärt, und das Objekt liegt seitdem – elektronisch behütet – im Museum für Kommunikation in Berlin. Weil der Uhrmacher auf den Quittungen nicht – wie bei der Post üblich –„Gebühr bezahlt" vermerkte, hielt man sie für seltene und daher sehr begehrenswerte Fehldrucke. Es existieren weltweit immerhin noch zwölf Exemplare.

Das vier Quadratzentimeter große Papier ist zwar nicht das seltenste Stück seiner Art. Doch es gilt als eine wertvolle Ikone. Immerhin war jene kleine blaue „Two Pence-Quittung" die erste Briefmarke der Kronkolonie Mauritius – die BLAUE MAURITIUS.

Endstation Ostsee

Wenige Tage bevor die Alliierten am 30. Januar 1945 Dresden in Schutt und Asche legten, ereignete sich zwanzig Kilometer von Danzig entfernt eine unvorstellbare Tragödie. Ein im Jahr 1937 in Dienst gestelltes großes Passagierschiff, das zunächst das Flaggschiff der nationalsozialistischen Bewegung „Kraft durch Freude" gewesen war, geriet in Seenot. Das Schiff war zu Beginn des Zweiten Weltkriegs als Lazarettschiff für die Kriegsmarine umgerüstet worden und hatte auch als Wohnboot für U-Boot-Kadetten gedient. Jetzt war es zur Evakuierung von Frauen und Kindern und zur Rückführung von Verwundeten aus den Ostgebieten eingesetzt worden. Angesichts der vorrückenden Roten Armee waren Millionen Deutsche auf der Flucht in Richtung Westen. Nach dem Wüten der Wehrmacht in der Sowjetunion hatte natürlich auch die Zivilbevölkerung zu Recht Angst um Leib und Leben. Als das Schiff in Gdingen auslaufen sollte, blockierten Hunderte von Frauen und Kindern mit kleinen Fischerbooten das Schiff. Sie alle wurden noch an Bord gehievt. Das Schiff, das ursprünglich für maximal 2000 Passagiere und etwa 500 Mann Besatzung ausgelegt war, verließ schließlich mit über 10.000 Menschen an Bord den Hafen. Doch schon nach etwa acht Stunden war die Reise zu Ende. Durch einen Funkspruch der Kriegsmarine war dem Kapitän ausdrücklich befohlen worden, Positionslichter zu setzen, um dadurch eine etwaige Kollision mit einem entgegenkommenden Minensuchgeschwader zu vermeiden. Jetzt war das Schiff auch in der Dunkelheit leicht auszumachen. Schon kurz nach 21 Uhr wurde es auf der Höhe von Stolpmünde von den Torpedos des sowjetischen U-Boots S 13 unter dem E-Deck und im Maschinenraum getroffen. Die Passagiere hatten kaum Überlebenschancen. Das Deck war vereist, es herrschte starker Seegang und die Rettungsboote reichten längst nicht aus für die vielen Menschen. Mehrere große Schiffe fuhren aus Angst, selbst in Bedrängnis zu geraten, an der Unglücksstelle vorbei. Das Schiff sank innerhalb weniger Stunden, und nur insgesamt 964 Menschen konnten gerettet werden. Noch heute wird kontrovers diskutiert, ob die Deklaration als Lazarettschiff, die ja durchaus gerechtfertigt gewesen wäre, den Passagieren mehr Schutz geboten hätte. So jedoch galt das Schiff – dem Völkerrecht entsprechend – als Kriegsschiff.

Mehr als 8.800 Menschen sind in jener schrecklichen Nacht ums Leben gekommen. Es war eine der größten Schiffskatastrophen überhaupt. Im Chaos des untergehenden „Dritten Reichs" fand er aber kaum Beachtung: der Untergang der „WILHELM GUSTLOFF".

043 MILLIONEN KLÄNGE

Im Jahr 1895 konstruierte ein deutscher Erfinder in Hamburg die allererste elektrische Uhr. Am 11. Januar des gleichen Jahres wurde im amerikanischen Evanston auch ein Junge namens Laurens geboren. Zwei unterschiedliche Ereignisse an weit entfernten Orten der Welt! Aber trotzdem gibt es da eine Verbindung, denn Laurens baute viele Jahre später die erste in Amerika erfundene elektrische Uhr. Als er sein Patent anmelden wollte, erfuhr er, dass ein unbekannter Tüftler in Deutschland schon vor seiner Geburt diese Erfindung vorweg genommen hatte. Auch Laurens hatte jung angefangen: Bereits im Alter von vierzehn hatte er sich ein erstes Automatik-Getriebe patentieren lassen und es später dem französischen Automobilhersteller Renault angeboten. Doch die Firma lehnte ab. Trotzdem ließ er sich nicht entmutigen, und als er im Jahr 1973 starb, gehörten ihm 110 Patente, deren Grundlage stets auf seinem Elektromotor beruhte. Dieser Motor war auch das Herzstück einer Apparatur, die Laurens „B3" nannte, und deren Geburtsstunde am 24. April 1934 von Brahms' erster Symphony begleitet worden war. Die Funktionsweise der „B3" hörte sich aber für technisch nicht gerade Versierte an, wie ein komplizierter Auszug aus einem Physik-Almanach. Darin hieß es unter anderem: „Der Generator erzeugt millionenfache Vielfalt. Von einem Elektromotor angetrieben, drehen sich magnetische Räder. Mit Hilfe mehrerer Spulen induzieren sie schwachen elektrischen Strom, der durch Druck einem Röhrenverstärker zugeführt wird ..." Was dadurch auf elektro-magnetische Weise durch diverse rotierende Scheiben von der Größe eines Fünfmarkstücks erzeugt wurde, waren erstaunlicherweise Töne und Tonfolgen. Den ersten Auftrag für seinen Klangkörper hatte Laurens von dem Automobil-Tycoon und Musikliebhaber Henry Ford bekommen. Doch ob der – oder auch sonst irgend jemand – die mehr als 250 Millionen Klänge, die schon das Standardmodell hervorzubringen in der Lage war, auch unterscheiden konnte, ist kaum vorstellbar. Dennoch gab es Interessenten, und bald schon fand das Gerät größeren Absatz. Vor allem in der Jazz-, der Kleinkunst- und der Theater-Szene machte es schnell Furore, denn man ersparte sich damit, ohne musikalische Einbuße, eine größere Band.

Berliner Jazzer bezeichneten diese Apparatur angeblich als „Hemmungsorgel". Sie ist aber gar keine Orgel, denn sie hat keine Pfeifen. Doch noch heute heißt jene Weiterentwicklung der elektrischen Uhr nach dem Konstrukteur Laurens Hammond – HAMMONDORGEL.

Ein lebendiges Beispiel

Tabar ist eine Insel mitten in der Südsee. Eine Märcheninsel, wie geschaffen für einen starken Herrscher. Einst – also vor mehr als 100 Jahren – landete hier ein Schwede aus der Gegend von Stockholm. Sein Name war Carl Petterson. So lange Carl denken konnte, hatte er schon eine fast unbezähmbare Sehnsucht gespürt, in die große, weite Welt hinaus zu ziehen. „Du bist noch zu klein, du musst noch zur Schule gehen", hatten seine Eltern immer wieder gesagt. Doch als Carl dann gerade mal elf Jahre alt war, verkündete er wiederum seinen Entschluss, so bald als möglich übers große Meer zu segeln. Da es ihm keiner offiziell erlaubte, packte er schließlich klammheimlich seine Sachen, riss von zu Hause aus und heuerte auf einem der großen Handelssegler als Schiffsjunge an. Das war 1887. Irgendwann landete er im so genannten Bismarck-Archipel, einem zum damaligen Zeitpunkt unter deutscher Obhut stehenden Schutzgebiet. Der Archipel war im Übrigen tatsächlich von vielen Deutschen besiedelt, die von dort aus allerlei Handel trieben. Bald bekam der junge Schwede bei einem dieser Unternehmen, dessen Hauptprodukt der Export von Kopra war, das Kernfleisch der Kokosnuss, eine Anstellung als Kapitän. Die Seefahrt war bekanntlich in früheren Zeiten ziemlich gefährlich. Und auch Carls Frachtschiff geriet im Jahr 1904 in ein schweres Unwetter und ging unter. Glücklicherweise spülte ihn das Meer ausgerechnet auf der Insel Tabar an Land. Und damit war sein Glück gemacht: Er heiratete Sindu, die Tochter des Häuptlings, wurde selbst Häuptling und Vater von neun Kindern. Die Menschen auf Tabar nannten ihn „Strong Charly", denn er war reich, stark und dick. Und dann wurde – wie im Märchen – auf seiner Insel auch noch Gold gefunden. Als der weiße Häuptling 1937 starb, verfolgten Tausende von Lesern in den schwedischen Zeitungen gebannt die Geschichte über das abenteuerliche Leben dieses Carl Pettersson. Eine der jungen Leserinnen war ganz besonders fasziniert, und hat den Häuptling von Tabar dann wenig später auf ihre spezielle Weise unsterblich gemacht.

Denn kein anderer als jener reale Carl Pettersson war Astrid Lindgrens Vorbild für den reichlich dicken, unermesslich reichen König von Taka-Tuka-Land – den Kapitän Efraim, der in die Geschichte einging als der Papa von PIPPI LANGSTRUMPF.

Ab in die Versenkung!

Der Mann ist ein Meister der Illusion, ebenso genial wie egomanisch. Bis zum Exzess ringt er um die perfekte Darstellung seiner Schöpfungen. Dabei geht es ihm nicht nur um die bestmögliche akustische Wirkung oder um die Einmaligkeit der Inszenierung. Er will auch jedwede profane Ablenkung ausschließen. Nichts soll den Vortrag und das Gebärdenspiel stören, nichts die Entrückung seiner Fan-Gemeinde gefährden. Und der Meister träumt von einem eigenen „Musentempel", einem ganz neu zu entwerfenden Raum, der nur dem andächtigen Erleben seines Werks dienen sollte. Er müsste ohne jedes überflüssige architektonische Dekor gebaut sein. Der großzügige Saal sollte keine Mittelgänge haben, weder Balkone noch Seitenlogen und mit seinen ansteigenden Sitzreihen aus einfachem Holz an die Amphitheater der griechischen Antike erinnern. Nach Jahren hartnäckigen Geldbeschaffens und erbitterter Streitereien mit unnachgiebigen Behörden ist es endlich soweit: Sein Traum wird Wirklichkeit. Zu verdanken hat er das vor allem der Unterstützung seines bedeutendsten, königlichen „Jüngers", der ihm ein großzügiges Darlehen vermittelt. Das Haus ist 1876 fertig gestellt und eröffnet im August des gleichen Jahres mit einer großen Oper. Das Publikum erlebt schon vor Beginn eine Überraschung: Zum ersten Mal in der Geschichte der Oper werden im Zuschauerraum alle Lichter gelöscht. Aber das ist noch nicht alles: Die Ouvertüre beginnt hörbar, doch man sieht keine Musiker. Wo sind die Instrumente, wo ist der Dirigent? Ein wahrer Zaubertrick des Meisters, der seine Vision idealen Kunstgenusses ohne jede Ablenkung und Störung verwirklicht hat. Weil ihm der Anblick der Musiker vor der Bühne – also der Paukenschläger, der vor seinem nächsten Einsatz ängstlich den Takt zählt, der scheußlich aufgeblasenen Backen und verzerrten Physiognomien der Bläser oder das langweilige Hin- und Herziehen der Violinbögen ein Greuel war, wollte er bei der Aufführung des „Ring der Nibelungen" im neu eröffneten Bayreuther Festspieltheater dafür sorgen, dass kein Orchester zu sehen war. Es war kein anderer als Richard Wagner, der mit seinem ästhetischen Empfinden und weil sich die Zuschauer ganz seinem Bühnenwerk widmen sollten, eine Aufsehen erregende Neuerung einführte, die zunächst als Sakrileg angesehen wurde.

Er versteckte die Musiker samt ihrem Leiter in einem deutlich unter die Bühnenebene abgesenkten, gar nicht oder nur teilweise einsehbaren Raum – in den eigens von ihm konzipierten und heute in allen Opernhäusern üblichen ORCHESTERGRABEN.

046 Die Wirkung der Kiesel

Er wurde als Sohn eines reichen Waffenfabrikanten in Griechenland geboren. Doch der Vater starb, als der Knabe sieben Jahre alt war. Der Vormund, den der Vater bestimmt hatte, entpuppte sich als übler Betrüger. Er steckte das nicht unbedeutende Vermögen des Kindes in die eigene Tasche, und als der Jüngling volljährig wurde, gab es nichts – aber auch gar nichts mehr – zu erben. Der junge Mann hatte zudem eine schwächliche Konstitution. Er konnte die gymnastische Ausbildung, die für Heranwachsende aus der Oberschicht unentbehrlich war, nicht erfolgreich absolvieren. Außerdem hielt man ihn von klein auf für nicht besonders intelligent, denn beim Sprechen stotterte und stockte er und brachte die Worte nur schwer heraus. Später aber hatte er ein klares, unbeirrbares Ziel vor Augen. Und er hatte einen eisernen Willen, mit dem er seine Absichten ganz konsequent verfolgte. Zunächst einmal wollte er den Vormund, der ihn um sein Erbe betrogen hatte, vor Gericht bringen. Um aber in einem Prozess auftreten zu können, musste er als erstes sein Redetalent schulen. Mit eiserner Energie übte er sprechen. Er verschanzte sich in einem unterirdischen Raum, rasierte seinen Kopf zur Hälfte kahl, damit er nicht in Versuchung kam, sich in der Öffentlichkeit zu zeigen und ablenken zu lassen. Er legte sich Kieselsteine auf die Zunge und übte stundenlang, dennoch präzise und akzentuiert zu sprechen. Er ging bei Sturm an den Strand und versuchte, mit seiner Stimme das Meer zu übertönen. Tatsächlich gelang es ihm mit unendlicher Geduld, Sprache und Stimme deutlich zu verbessern. Nun nahm er den Prozess gegen seinen Vormund auf. Das Ergebnis brachte ihm zwar keine Reichtümer, aber die Gerichtsverhandlung hatte ihm zu einem nicht zu unterschätzenden Erfahrungsschatz in der Rede- und Debattierkunst verholfen. Bald schlug er die politische Laufbahn ein und bekämpfte vor allem die Macht besessene Einflussnahme Philipps II. auf die griechischen Freistaaten. Seine Redekunst wurde gerühmt, sowohl für ihre formale Qualität, als auch für ihr hinreißendes Pathos, das ihn außerdem als glühenden Patrioten und hervorragenden Staatsmann auszeichnete.

Seine unbeirrbare Ausdauer war also nicht umsonst gewesen. Und wegen der in die Geschichte eingegangenen Reden des Demostenes gegen Philipp II. von Mazedonien bezeichnen wir eine eindrucksvoll flammende Schmährede noch heute als PHILIPPIKA.

Verräterische Briefe

047

Manchmal tauchen unter uns gewöhnlichen Menschen Wesen auf, die man kaum als irdisch bezeichnen kann. Sie wirken so fremd und fern, als kämen sie von einem anderen Stern. Und gerade dieses Besondere ist es, was alle völlig verrückt macht nach ihnen, auch wenn sie eigentlich keine Annäherung dulden. Lovisa war so eine. Eine Somnambule, ein Hermaphrodit, eine, die trotz ihrer Unnahbarkeit Männer und Frauen gleichermaßen anzog. „Ihr Geheimnis zu lüften" – so schreibt einer ihrer Anbeter, „hieße, einem Schmetterling die Flügel auszureißen, um zu erforschen, wie er fliegt." Lovisa war viel daran gelegen, auch noch im Alter ihrer Legende treu zu bleiben. Sie scheute jede Publicity und konnte doch nicht verhindern, dass gerade ihre wohl gehütete Identität eine zwiespältige, verschlüsselte Sexualität vermuten ließ. Ihr Leben lang versuchte Lovisa, sich die makellose Ambivalenz aus Keuschheit und Leidenschaft, Frigidität und Feuer zu erhalten. Aber nachdem aus einer in den sechziger Jahren erschienenen Autobiographie einer Schriftstellerin, mit der Lovisa befreundet gewesen war, deren lesbische Neigungen bekannt geworden waren, wurde natürlich anderes vermutet und gemunkelt. Es hieß, dass sich im Besitz jener Schriftstellerin eine Anzahl von Briefen befände, die ihr Lovisa in den dreißiger Jahren geschrieben hätte. Die Gerüchteküche brodelte. Lovisa soll zwar nicht darauf eingegangen sein, als ihr die Schriftstellerin – weil sie Geld brauchte, um ihre Arztrechnungen zu bezahlen – diese Briefe kurz vor ihrem Tod im Jahr 1968 verkaufen wollte. Dennoch waren Eingeweihte ganz sicher, dass die seitdem verschwundenen Briefe delikate Enthüllungen über Lovisas sexuelle Vorlieben enthielten. Erst mehr als zehn Jahre nach Lovisas Tod sollte die Weltöffentlichkeit den Inhalt dieser Briefe präsentiert bekommen und zwar in Buchform. Dass Lovisa – um einen Skandal zu vermeiden – mit jener Schriftstellerin namens Mercedes de Acosta damals eine geheime Vereinbarung über die Veröffentlichung der Briefe geschlossen hat, ist nach dem, was heute feststeht, aber sehr unwahrscheinlich.

Es gibt darin keinerlei Andeutung, dass Lovisa mit Mercedes de Acosta im Bett gewesen ist. Und so wird er wohl bis in alle Ewigkeit unangetastet bleiben – der makellose Ruf der Unnahbarkeit der Greta Lovisa Gustafsson – der „göttlichen" GRETA GARBO.

Mitten ins Herz

Die Argentinier beweisen ihren prominenten und verdienten Verstorbenen gern eine besondere Form der posthumen Verehrung. Noch 65 Jahre nach seinem tödlichen Flugzeugabsturz glimmt in der Nekropole von Buenos Aires in der Marmorhand des Tangosängers Carlos Gardel stets eine Zigarette, und der einbalsamierte Leichnam von Evita Perón war viele Jahre lang weltweit unterwegs auf einer Verabschiedungstour. Doch der Tod des Doktors Favoloro – des so genannten Albert Schweitzer von Südamerika – war keineswegs der Anlass für einen ebensolchen aufwändigen Trauerkult. Dabei hätte gerade dieser menschenfreundliche Arzt besondere Beachtung verdient. Nachdem er lange Zeit in den USA gelebt hatte, dann aber schließlich nach Buenos Aires zurückgekehrt war, hatte er in seiner alten Heimat eine Aufsehen erregende Stiftung gegründet. Er wollte damit den von der Gesellschaft Ausgestoßenen, den Obdachlosen und Bettlern in Buenos Aires zu einer kostenlosen medizinischen Versorgung verhelfen. Nachdem es sich bei diesem Personenkreis um die Ärmsten der Armen handelte, wäre eigentlich der argentinische Staat gesetzlich dazu verpflichtet gewesen, einen Teil dieser Kosten zu übernehmen. Aber die Behörden verweigerten dem Arzt die Zuschüsse, ohne die seine Stiftung bei all dem Elend nicht lange ausreichend arbeiten konnte. Der Doktor beklagte seine Situation als Bittsteller in der Zeitung „La Nacion", und schon wenig später – im August 2000 – hieß es, er sei unter ungeklärten Umständen verstorben. Der Mann, der Millionen von Menschen und schließlich auch noch den Armen von Buenos Aires das Leben gerettet hatte, konnte tragischerweise sein eigenes nicht schützen. Es ist wohl kaum endgültig zu beweisen, ob man ihn – wie viele glauben – ermordet hat, damit seine Stiftung aufgelöst wurde und der Staat die Schulden in Millionenhöhe, die dort inzwischen aufgelaufen waren, nicht bezahlen musste. Es könnte aber auch sein, dass er seinem Leben selbst ein Ende gesetzt hat. Es war ein Schuss ins Herz, der den Mediziner tötete. Ausgerechnet ihn, dessen Epoche machende Erfindung es zu verdanken ist, dass Millionen Herzen überall auf der Welt weiterhin schlagen.

Denn dem argentinischen Arzt Doktor Rene Geronimo Favaloro verdankt die Welt eine wahrhaft lebensrettende Operationsmethode, die er 1967 an der Cleveland Clinic erstmals erfolgreich durchgeführt hatte – die so genannte BYPASS-OPERATION.

049 Der unermüdliche Mahner

Der Krieg ist ausgebrochen. Entgegen aller Erwartungen der immer größer werdenden Zahl der Pazifisten in Europa. Über Nacht steht der Kontinent in Flammen. Während bald alles rundherum in einem Strudel von Hunger und Vernichtung versinkt, bleibt nur noch ein kleines Land ganz im Norden eine Insel des Friedens. Und von hier aus bemüht sich ein Mann, dem Wahnsinn Einhalt zu gebieten. Er schreibt dagegen an. Und er versucht, mit den Großen der Welt ins Gespräch zu kommen. Er ist weltweit bekannt, aber kein Politiker. Trotzdem erreicht er es, dass ihn sein Land im Juni 1917 als Sonderbotschafter in die USA schickt. Der Mann ist ein zäher Verhandlungspartner, ein unermüdlicher Kämpfer für die Nächstenliebe. Er fordert immer wieder „Frieden und Brot“. Und er erreicht, was er angestrebt hat – trotz Beibehaltung der Neutralität seines Landes. Auch nach dem Ende des Krieges widmet er weiterhin all seine Kraft der Völkerverständigung. In dem von Präsident Wilson gegründeten Völkerbund tritt er ein für die Gleichheit aller Staaten. Und er bringt viele kleinere Staaten dazu, sich zu einer moralischen Phalanx zusammenzuschweißen, einander beizustehen und den Kriegsopfern in anderen Ländern zu helfen – den Kindern, den Hungernden, den Verstörten. Alle skandinavischen Länder machen dabei mit. Mit ebensolch beharrlichem Einsatz bewerkstelligt er die Heimbringung der russischen Kriegsgefangenen unter dem Schutz des Völkerbundes. Er selbst begleitet die Transporte und gründet ein weltweites Hilfswerk für das verelendete nachrevolutionäre Russland, dem durch eine nie da gewesene Hungersnot der Kollaps droht. 1922 bekommt er dafür den Friedensnobelpreis. Und dieser außergewöhnliche Mann, der sich anfangs als Wissenschaftler und Forscher große Verdienste um die Menschheit erwarb, wird bis zu seinem Tod für die Opfer der Gewalt eintreten. Für viele Millionen von Flüchtlingen und Staatenlosen in Europa erkämpft er die Einführung eines Passes für staatenlose Flüchtlinge und Emigranten. Er wurde 1922 von 52 Staaten anerkannt und war anfänglich nur ein von den Behörden des Aufenthaltsstaates ausgestelltes Reisedokument. Der Pass gestattete die Rückkehr in das Land, das ihn ausgestellt hatte.

Der Ausweis, der als Reisedokument der Genfer Flüchtlingskonvention anerkannt wurde und auch für Tausende von Verfolgten des Naziregimes lebensrettend war, hieß offiziell nach seinem Initiator, dem Polarforscher Dr. Fridtjof Nansen, NANSEN-PASS.

Nicht nur für Weisse

050

John war die perfekte Verkörperung des britischen Imperialismus, ein überzeugter Darwinist, der die „angelsächsische Rasse" als Gotteswerkzeug sah. Dabei war es dem Pfarrerssohn nicht leicht gefallen, bei dieser selektiven Auswahl des Stärkeren mit dabei zu sein. Als Kind hatte er es – wie man damals sagte – „auf der Lunge" und kränkelte jahrelang. Seine körperlichen Schwächen versuchte er wettzumachen, indem er sich alle möglichen Wissens- und Bildungsvorteile verschaffte. Als 17jähriger wurde er – wegen des besseren Klimas – ins südafrikanische Natal geschickt, um sich auf der Farm seines Bruders zu erholen. Er kehrte danach aber nur nach England zurück, um in Oxford das Juraexamen abzulegen. Schon 1878 war er wieder in Südafrika und schaffte es, als gewiefter Unternehmer, vom gerade ausgebrochenen Diamantenrausch zu profitieren und wurde schnell zu einem wohlhabenden Mann. Er hatte „De Beers Consolidated Mines Ltd." gegründet und die privaten Diamantensucher mit einem speziellen Abgabensystem von sich abhängig gemacht. Schon bald gelang es ihm aber auch, die Politik für seine Belange zu nutzen. Die Gründung britischer Kronkolonien und die Angliederung ganzer Landstriche von Südafrika an schon bestehende Kolonialstaaten trugen dazu bei, dass er 1890 Premierminister der Kapkolonie wurde. Doch ein misslungener Aufstand kostete ihn bald wieder seinen Posten. Bis an sein Lebensende lag John jedoch die Schaffung einer weißen Elite am Herzen. Sie sollte vor allem in jenem afrikanischen Staat, den er als sein Lebenswerk ansah, unangefochten die Führung haben. Mit dem, was er in seinem 1902 eröffneten Testament verfügte, wollte er diese Elitebildung weiterhin vorantreiben. Er stiftete den größten Teil seines Vermögens für Stipendien, mit denen begabte junge Männer aus dem Empire in Oxford den letzten Schliff erhalten sollten. Nach dem Ende der Rassendiskriminierung kommen nun auch Farbige in den Genuss, was der Stifter natürlich weder beabsichtigt hatte, noch gut heißen würde.

Das Land, das einst nach ihm benannt war, hat die koloniale Vergangenheit überwunden, und die alten territorialen Namen wurden wieder eingeführt. Doch das würde ihm schwer missfallen – dem Pfarrerssohn Cecil Rhodes, dem Gründer des Staates RHODESIEN.

051 Ein Fall von Vandalismus

Als der Arzt Peter Kaegi 1996 im Haus E-1027 an der Cote d'Azur unter mysteriösen Umständen tot aufgefunden wurde, stellte sich bald heraus, dass der Mörder tatsächlich der Gärtner war. Das Aufsehen, das dieser Mord erregte, lag aber nicht so sehr an seiner Person, sondern an der Berühmtheit des Hauses, das aus dem Jahr 1929 stammte. Eileen, die Architektin, die das Haus entworfen hatte, hätte die Geschichte dieses Mordes garantiert mit großem Interesse verfolgt, denn sie war ein Fan von Agatha Christie. Vielleicht hätte sie es sogar auch noch verkraftet, dass irgendwelche nicht identifizierten Vandalen kurz nach dem Mord in das Haus eingedrungen waren, die größtenteils von ihr entworfenen Möbel zerstört und die gesamte Eingangsfront eingerissen hatten. Doch 1996 ruhte sie bereits seit über zwanzig Jahren auf dem Pariser Friedhof Père Lachaise. Die Freude an ihrem Haus war ihr aber schon viel früher – und sehr gründlich – vergällt worden. Dabei war das betreffende Haus im wahrsten Sinn des Wortes ein einziger Traum gewesen. Es glich einem weißen, auf dem wogenden Meer vor Anker gegangenen Schiff. Es hatte nicht nur einen Fahnenmast auf dem Dach und außergewöhnlich schöne Deckstühle auf den verschiedenartigen Terrassen, sondern es galt insgesamt wegen seiner einzigartigen, modernen Architektur als ästhetische und bautechnische Sensation. Doch auch die Vorgeschichte des E-1029 war voller Aufsehen erregender Ereignisse. Eines Tages besuchte und besichtigte ein sehr besonderer Kollege der Architektin das Bauwerk. Er hatte sich sofort in das Haus verliebt und war geradezu darauf versessen, dessen glatte weiße Wände auf seine Weise zu gestalten. Und obwohl er zuvor die klare Schlichtheit von Eileens E-1027 gepriesen hatte, bemalte er es im Jahr1938 mit sieben großen Fresken – unter anderem auch mit drei sich umarmenden nackten Frauen. Eileen empfand das als Vandalismus, als eine Art Vergewaltigung, mit der ihr ganz bewusst total schmucklos gestaltetes und in klarem Weiß gehaltenes Haus durch grelle Bilder mit lärmenden, erotisch eindeutigen Details verunstaltet worden war. Und obwohl es der berühmte Architekt Le Corbusier war, der ihr Haus bemalt hatte, kehrte sie nie mehr dorthin zurück.

Das Haus E-1027 an der Cote d'Azur wird noch heute bewundert – allerdings nicht wegen der Fresken des großen Le Corbusier. Es gilt als Meilenstein moderner Architektur, denn entworfen und gebaut hatte es die Grande Dame des Designs – EILEEN GRAY.

Verschwörungshysterie

Der neuzeitliche Antisemitismus brauchte als Rechtfertigung stets die Theorie einer jüdischen Weltverschwörung, um damit den unterschwellig immer vorhandenen irrationalen Judenhass anzuheizen. Zu diesem Zweck war der für 1897 vom Komitee um Theodor Herzl in Basel geplante „Erste Zionistische Weltkongress" geradezu ein Geschenk des Himmels. Allein der Versuch einer politischen Organisierung der Juden galt als Beweis für eine Verschwörung, und es half ganz und gar nichts, dass zu dieser Tagung auch die in- und ausländische Presse eingeladen war. Auf dem Kongress gab es keinerlei Heimlichkeiten, dennoch wurde bald von geheimen Protokollen des Treffens gemunkelt, in denen die wahren Absichten der Zionisten festgehalten wären. Sechs Jahre dauerte es, bis diese obskuren „Protokolle" plötzlich auftauchten und Furore machten. Es gab darin Sätze wie: „Die Gnade Gottes hat uns – das auserwählte Volk über die ganze Welt verstreut. Und in dieser scheinbaren Schwäche unserer Rasse liegt unsere ganze Kraft, die uns heute an die Schwelle der Weltherrschaft geführt hat." Von der Vernichtung der christlichen Familie war darin die Rede und von Finanzspekulationen, die „die mächtigste Waffe der geheimen jüdischen Weltregierung" sei. Alle alten Vorurteile gegenüber den Juden wurden darin bedient, und nicht nur die Mörder Walther Rathenaus ließen sich dadurch zu ihrer Tat inspirieren. Auch Hitler zitiert die Protokolle in „Mein Kampf", und rechtfertigt damit seine „Endlösungsabsichten". Die arabischen Antizionisten und die Neo-Nazis berufen sich darauf, und sie gelten noch heute für jede Form von Judenhetze, jedes antisemitische Ressentiment als gefundenes Fressen. Erst die israelische Richterin Hadassa Ben-Itto bewies, was von jüdischer Seite von Anfang an feststand: Es handelte sich dabei um eine perfide Fälschung. Die Richterin konnte schlüssig beweisen, dass die angeblichen Protokolle von einem Meister der Provokation unters Volk gebracht wurden. Doch dieser in Paris lebende Russe Pjotr Iwanowitsch Ratschkowski handelte keineswegs aus eigenem Antrieb.

Die zu Pogromen herausfordernde Mär von der jüdischen Weltverschwörung war nicht das Werk antisemitischer Gruppierungen Mitteleuropas. Es war vielmehr die Geheimpolizei des Zaren, die sie in Auftrag gegeben hatte: die „PROTOKOLLE DER WEISEN VON ZION".

053 Etwas für Geniesser

Ilja Iljitsch, ein der völligen Passivität verfallener Gutsbesitzer, lebte zufrieden im Russland des 19. Jahrhunderts. Ohne besonders reich zu sein, leistete er es sich, einfach nichts zu tun. Er verließ sein Haus nicht, stand des Morgens nur aus dem Bett auf, um auf seine Couch zu wechseln, sich weiter zu räkeln und vor sich hin zu denken. Angewidert von der ausufernden Aktivität seines Freundes und Gegenspielers Andrej Stolcz zog er sich in seine Träume zurück. Literarische Landschaften sind häufig bevölkert von solch extremen Charakteren, von Träumern und Exzentrikern. Wie der „Taugenichts“ des deutschen Freiherrn von Eichendorff ist auch Ilja Iljitsch eine Romanfigur und spiegelt auf seine Weise die Befindlichkeiten und Lebensvorstellungen seines Schöpfers und Erfinders wider. Ob der Autor mit seiner Geschichte die Nutzlosigkeit des russischen Landadels karikieren wollte, ist für heutige Leser wenig interessant. Umso erstaunlicher ist, dass dieser Ilja Iljitsch bis heute höchstes Ansehen genießt – ja – geradezu sprichwörtlich bekannt ist als Inkarnation des luxuriösesten Müßiggangs. Was viele – wenn auch mit Augenzwinkern – für ihn einnimmt, ist das morbid Überdrüssige, der spröde Charme eines Lebensstils, der weit entfernt ist von unserer aufgeräumten Art zu leben. Dem einzig seiner Bequemlichkeit frönenden Adeligen wird nämlich alles zum Leben Notwendige direkt an die Couch gebracht, ohne dass er einen Finger krumm machen muss. Ein Wunschbild viel beschäftigter, stressgeplagter und nur höchst selten einmal ausgeschlafener Menschen unserer Tage! Weshalb wohl sollte Bella Block, die rund um die Uhr eingespannte TV-Kommissarin – wie man in einer Krimi-Folge einmal sehen konnte – den Roman von Iwan Alexandrowitsch Gontscharow mit in ihren selten ungestört verlaufenden Urlaub schleppen? Doch nur, weil auch sie von dieser Art zu leben träumt! Wie Bella Block, sehen wohl viele andere in jenem, in den Tag träumenden, beneidenswerten Nichtstuer eine unsterbliche Kultfigur. Nicht-Eingeweihte hingegen stehen dieser Daseinsform mit Sicherheit völlig verständnislos gegenüber.

Sie ahnen kaum, was jenes geflügelte Wort geheimer Sehnsüchte dem Genießer bedeutet. Es verherrlicht die Inkarnation des Hedonisten in der Person des Ilja Iljitsch Oblomow und ist doch der Wunsch nach etwas Unmöglichem – dieses „Leben wie OBLOMOW“.

Starker Strom

Es gibt Wissenschaftler, die gehen Schritt für Schritt streng systematisch vor, indem sie erst nach sorgfältiger Analyse und möglichst exakten Messungen auf ihr eigentliches Ziel zu steuern. Andere können auf Grund einer intuitiven Eingebung blitzartig eine Situation erfassen und so in kürzester Zeit geradlinig auf ihr Ziel losgehen. Ein solcher Wissenschaftler war der 1775 in Lyon geborene André. Schon in den ersten Schuljahren zeigte er alle Merkmale eines Überfliegers. Seine Lehrer stellten fest, dass er schon mit zwölf Jahren fast das gesamte Gebiet der damals bekannten Mathematik und Physik beherrschte. Mit 34 wurde er Mathematikprofessor an der elitären Ecole Polytechnique in Paris. Wie vom Blitz getroffen reagierte er auf die im Jahr 1820 bekannt gegebene Entdeckung eines dänischen Physikers. Dieser Christian Oersted behauptete, jede nach Norden zeigende Kompassnadel würde deutlich abgelenkt, wenn man Strom durch einen in unmittelbare Nähe verlegten Draht fließen ließe. Schlagartig erkannte André, dass zwischen den Bereichen Elektrizität und Magnetismus, die man bisher als zwei ganz unabhängige Erscheinungen betrachtet hatte, ein besonderer Zusammenhang bestehen musste. Sofort stürzt er sich in seinem Labor in eine ganz spezielle, intensive Versuchsanrichtung, und kaum eine Woche später hatte er eine Grundregel über die Kräfte zwischen zwei elektrischen Strömen formuliert. Dieses Grundgesetz ist nach ihm benannt und gilt noch heute als geniale Formulierung. Wie es sich für jede gute physikalische Theorie gehört, konnten damit nicht nur die beobachteten Erscheinungen erklärt, sondern auch neue Effekte vorausgesagt werden, die sich dann im Laboratorium bestätigen. Auf dieser Basis entwickelte André einen hochempfindlichen Apparat zur Messung von elektrischen Strömen, der später unter dem Namen Galvanometer bekannt und noch heute – fast unverändert – in Millionen von Messinstrumenten vorkommt. Im Laufe seines Lebens befasste sich Andrés quirliger Geist auch noch mit anderen Theorien, beispielsweise auch mit Theorien von Glücksspielen. Seine Beiträge über die Gewinnchancen beim Kartenspiel haben ebenfalls starke Beachtung gefunden.

Andrés Name ist bis heute in bester Erinnerung geblieben, denn für die Basiseinheit der elektrischen Stromstärke wurde ihm zu Ehren in aller Welt eine bestimmte Maßeinheit eingeführt. Man misst sie – nach dem Physiker André-Marie Ampère – in AMPERE.

055 Pilotprojekt Aufklärung

Kaum waren 1945 die Schrecken des Krieges vorüber, begann für Millionen von Deutschen aus den Ostgebieten das Flüchtlingselend. Auch Frau Köstlin, die junge, aber schon geschiedene Tochter eines ostpreußischen Gutsbesitzers, die zuvor als Pilotin eine gewisse Prominenz gehabt hatte, war geflohen. Jetzt hatte sie es gerade noch geschafft, in einem überfüllten Pastorat in Flensburg als Vertriebene unterzukommen. Die zuvor recht verwöhnte junge Frau musste nun den schleswig-holsteinischen Bauern bei der Feldarbeit helfen, Kartoffeln lesen oder Heu wenden, wobei die ortsansässigen Bauern die Flüchtlinge eher mit Argwohn betrachteten. Daher blieben die Heimatvertriebenen meist unter sich, und der einzige Umgang, den Frau Köstlin hatte, waren andere Flüchtlingsfrauen. Ihnen allen war eines gemeinsam: die Angst vor Hunger, Heimatlosigkeit und – angesichts der ungewissen Zukunft – vor weiteren Kindern. Doch wie konnte ungewollter Kindersegen verhindert werden? Aufklärung hatte es im Vorkriegsdeutschland weder in der Familie noch in der Schule gegeben und das blieb weiter so. Frau Köstlin gehörte zu den wenigen, die eine Methode zur natürlichen Geburtenregelung kannte. Ihre Mutter war Landärztin gewesen, und hatte ihr beigebracht, wie sich die unfruchtbaren Tage berechnen ließen. Zufällig fand sie jetzt in den Überresten einer Bibliothek einen zerfledderten Ehe-Ratgeber, in dem die Empfängnisverhütung nach Dr. Knaus-Ogino erklärt wurde. Sie tippte die Beschreibung der Vorgehensweise und einen Begleitbrief, in dem sie für ein Recht auf Sexualität auch ohne die Absicht zur Zeugung eintrat. Für fünf Pfund Butter druckte ihr eine Druckerei Werbezettel. Die ersten 2000 Exemplare der Schrift „Die natürliche Geburtenregelung nach Knaus", die sie für zwei Mark pro Exemplar anbot, verkauften sich wie warme Semmeln. Köstlin, inzwischen mit einem Herrn Rotermund verheiratet, avancierte zur Pionierin der sexuellen Aufklärung. Sie gründete den ersten deutschen und weltweit einzigartigen Erotik-Konzern und trug als „Unternehmerin der Lust" und „Aufklärerin der Nation" über fünf Jahrzehnte lang maßgeblich zur Emanzipation der Geschlechter und zur Reform der Sitten in der bundesdeutschen Gesellschaft bei.

1996 feierte sie ihr 50jähriges Geschäftsjubiläum. Sie starb 82jährig im Jahr 2001. Den Namen, unter dem sie weltweit bekannt wurde, hatte sie von ihrem zweiten Mann – einem Piloten – beibehalten: die Chefin des erfolgreichen Erotik-Konzerns BEATE UHSE.

056 Okay, Okay

Das zweite nachchristliche Jahrhundert war für die junge Christenheit – und auch für das Judentum – keineswegs eine friedliche Epoche. Zu dieser Zeit hatte sich das römische Großreich bis in die nördlichen arabischen und vorderasiatischen Regionen ausgebreitet. Im Jahr 135 eroberte Hadrian, der Reisekaiser, nachdem der Aufstand der Juden unter Bar Kochba niedergeschlagen war, wieder einmal die Provinz Jerusalem. Seine Nachfolger setzten die so genannten „Befriedungsfeldzüge" fort, Armenien und Syrien wurden besetzt, und selbst Mesopotamien fiel ihnen in die Hände. Dazu kam noch, dass Mark Aurel in den Markomanen-Kriegen zwischen den Jahren 167 und 180 nicht nur den östlichen Donauraum unterjochte, sondern auch die Gegend um Regensburg und Wien. Unsichere Zeiten also im größten Teil der damaligen Welt! Es kann gut sein, dass aus dieser Zeit ein ganz bestimmter Begriff herrührt, den heute fast jeder kennt. Er findet sowohl unter Geschäftsleuten wie auch in der Umgangs- und Jugendsprache und in allen möglichen Situationen Anwendung. Er kommt beispielsweise in Kriegsfilmen und Western vor, wenn ein Kundschafter oder ein Vorauskommando meldet, dass die Luft rein ist. Er wird aber auch benutzt, wenn zwei Leute, die gestritten haben, sich schließlich einigen und dann auf die Frage, ob alle Zweifel ausgeräumt seien, damit antworten. Kaum einer macht sich heute noch Gedanken, wie dieser Ausspruch entstanden ist und woher er kommt. Er klingt eigentlich italienisch, und lange Zeit stand das auch in allen Wörterbüchern. Doch in einem 1983 erschienenen Lexikon zum Alten Testament gibt es eine andere Erklärung. Demnach ist der Wortstamm auf das Hebräische zurückzuführen, wo er was zu tun hat mit „in Sicherheit bringen, bewahren und retten". Es konnte inzwischen außerdem bewiesen werden, dass er lange Zeit auch von jüdischen Kaufleuten gebraucht wurde – möglicherweise schon zur Zeit der römischen Eroberungsfeldzüge – und zwar, wenn sie bei einer Pleite noch in der Lage waren, ihr Vermögen zu retten.

Daher hat dieser fremdartig klingende und lautmalerisch wohl von „plt" oder „peleta" – also „Rettung"– abgeleitete Ausspruch auch bei uns die Bedeutung „alles in Ordnung, erfolgreich erledigt". Denn genau das meinen wir wenn wir sagen: ALLES PALETTI.

Ein mutiger Kirchenmann

057

1941 waren siegreiche deutsche Armeen in fast alle europäischen Länder einmarschiert, außerdem auch in Russland und Ägypten. Dennoch war das Ende des Krieges nicht abzusehen. Die öffentliche Meinung wurde durch Zensur, Terror und Nazi-Propaganda manipuliert, jedweder Widerstand sollte endgültig zum Schweigen gebracht werden. Doch offenbar hatten die braunen Machthaber nicht mit Clemens August gerechnet, der sich seit 1934 unbeirrt für „die bedrohte Freiheit der Seele des Einzelnen" eingesetzt hatte. Zuerst eher still und auf seine Weise, dann aber exponierte er sich ohne Rücksicht darauf, dass ihm Konzentrationslager und Schlimmeres drohen könnte. Er gehörte offenbar zu jenen treuen katholischen Münsterländern, die mehr als 700 Jahre in ihren Wasserschlössern hausten, sich hin und wieder in die Politik einmischten und als die stursten westfälischen Dickschädel bekannt waren. Doch als Clemens August erfuhr, dass unter dem Vorwand angeblicher staatsfeindlicher Umtriebe und nachdem man sämtliche Mönche und Nonnen vertrieben hatte, zahlreiche Niederlassungen katholischer Orden beschlagnahmt werden sollten, ging auch er auf die Barrikaden. Zu diesem Zeitpunkt waren gerade die so genannten Euthanasie-Aktionen an unheilbar Geisteskranken bekannt geworden, und daraufhin schickte Clemens August äußerst riskante Protest-Telegramme an den Chef der Reichskanzlei Dr. Lammers, sowie an Reichsmarschall Hermann Göring und an weitere nationalsozialistische Minister. In Joseph Goebbels Propaganda-Ministerium schlugen die Wellen der Empörung hoch. Doch seltsamerweise wurde nichts gegen Clemens August unternommen, wo hingegen viele, die lediglich den Inhalt seiner Reden verbreitet hatten, vor Gericht kamen und verurteilt wurden – manche sogar zum Tode. Weshalb war gerade er – der „Löwe von Münster" verschont worden? Ein Grund war, dass Clemens August seine so genannte „Volksverhetzung" stets in Form eindringlicher Predigten vortrug. Hitler wusste wohl, dass er diesen Mann nicht eliminieren konnte, ohne ganz Westfalen in Aufruhr zu versetzen und den Prediger zum Märtyrer zu machen, was bei dessen Popularität fatale Folgen gehabt hätte.

So war es wohl der Führer selbst, der nolens volens dazu beitrug, dass dieser Mann einer der wenigen expliziten Widerständler war, die das Dritte Reich überlebten: der überzeugte Katholik und streitbare Bischof von Münster CLEMENS AUGUST GRAF GALEN.

058 Nicht aus geschmacklichen Gründen

Schon in der Antike gab es ein ebenso begehrtes wie mancherorts äußerst rares Produkt, das man – höchst geheimnisvoll – „Korn der Unvergänglichkeit" nannte. Es wurde in großen Mengen gebraucht, war unentbehrlich für so manches Gewerbe und galt zeitweise sogar als angemessenes Salär für Soldaten. Der Handel damit war eine lukrative und häufig hart umkämpfte Angelegenheit. In fast allen Ländern bestand ein Staatsmonopol auf diese besondere Ware. Und zwar nicht nur, weil Besitz und Verwertung den Herrschern zu Reichtum und besonderem Ansehen verhalfen, sondern auch, weil das ganze Land davon profitieren sollte. Schon die Illyrer und die Kelten betrieben regen Handel mit diesem, meist jenseits der Alpen erzeugten Produkt. Sie bauten Straßen und Handelswege aus, auf denen die Einfuhr in ihre Provinzen schnell und sicher bewerkstelligt werden konnte. Durch den wachsenden Bedarf an jenem Stoff und die vermehrte Förderung mit einer Art Pipeline-System und einem Hebewerk, mit dem man den Rohstoff aus einem labyrinthartigen Areal holte, kamen viele Jahrhunderte später vor allem die oberbayerischen Fürsten zu großem Reichtum. Als Folge dieser neuartigen Industrieform wurden aber die Wälder der Umgebung nach und nach verfeuert, doch auch der andernorts übliche Abbau im Berg und die dabei gebrauchten Wassermengen waren nicht wirklich umweltverträglicher. Heute wird jenes Produkt im täglichen Gebrauch meist in kleinen Prisen verwendet, und man fragt sich erstaunt, wieso es früher tonnenweise gebraucht wurde. Tatsache ist, dass es bis ins 19. Jahrhundert nicht – wie heute – der Geschmacksverbesserung diente, sondern buchstäblich lebensnotwendig war. Ohne jenen kristallinen Stoff wäre nämlich das Aufheben von Lebensmitteln und diversen tierischen Produkten absolut unmöglich gewesen. Einzig mit dem „Korn der Unvergänglichkeit" konnten Fisch, Fleisch und Gemüse, aber auch Felle und Häute längere Zeit haltbar gemacht werden.

Jahrhundertelang gewann man es in riesigen Mengen am Toten Meer und später auch im oberbayerischen Reichenhall – das früher als Mittel zur Konservierung unentbehrliche und als „weißes Gold" bezeichnete chemische Naturprodukt Natriumchlorid – das SALZ.

059 Spielberg lässt grüssen

Vor kaum 200 Jahren hat man erst entdeckt, dass es diese Lebewesen überhaupt einmal gegeben hat. Doch seitdem haben immer wieder neue Funde und Details über diese frühen Mitbewohner unseres Planeten das Interesse der Menschen erweckt. Es war hauptsächlich ihre unfassbare Größe und die unglaubliche Vielfalt ihrer Erscheinungsformen, die unsere Vorfahren faszinierten! Und natürlich auch die Tatsache, dass es sie gar nicht mehr gab. Nachdem 1884 tatsächlich die ersten Skelettfunde gemacht worden waren, rekonstruierte man die verschiedensten Exemplare, und es entstanden diverse Mutmaßungen und Theorien über ihr Paarungsverhalten, ihre Brutpflege. Natürlich auch über den Grund ihres plötzlichen Verschwindens von der Erde, vor allem aber über ihre Gattungszugehörigkeit. Eines wurde sehr bald als abwegig erkannt, nämlich dass es sich bei ihnen um so etwas wie übergroße Eidechsen oder andere Kriechtiere handeln könnte. Fest stand, dass auch Reptilien, Schildkröten und Krokodile nur sehr weit entfernte Verwandte dieser Urviecher waren. Aber sie wurden von den Paläontologen mangels anderer erklärbarer Zugehörigkeit einfach als „Dinosaurier" bezeichnet – was so viel wie Schreckens-Echsen heißt. Die hervorstechenden Merkmale, die diese Dinosaurier von ihren Verwandten unterscheiden, sind besondere Hüftknochen- und Fußknöchelkonstruktionen, die ihnen schnelle, aufrechte Bewegungen ermöglichten, und die sehr spezielle Art und Weise wie sie ihre Beute verschlangen. Eine kleine indonesische Insel hat inzwischen den dortigen Tourismus mit einer besonderen Attraktion angekurbelt. Man kann von einer der Nachbarinseln aus Bootsfahrten dorthin buchen, um bei einer Szene wie der folgenden das Gruseln zu lernen: Aus dem Dickicht von Palmen und Unterholz stürmt mit circa vierzig Stundenkilometern ein drei Meter langes, wie ein vorsintflutlicher Drache aussehendes Ungetüm und schnappt sich eine mitgebrachte Ziege. Das Monster packt die Ziege mit den Zähnen in der Mitte des Leibes und schleudert sie – auf den Hinterbeinen stehend – mehrfach auf den Boden, um sie dann erstaunlicherweise in einem Stück hinunter zu würgen. Dabei weitet sich der Kehlsack überdimensional aus. Nein, dieses Ereignis ist keineswegs ein Phantasie-Produkt der Unterhaltungsindustrie. Es bestätigt nur eine oft angezweifelte Tatsache.

Zwar ist der zoologische Name der Tiere falsch. Doch der so genannte „Komodo-Waran" ist trotzdem einer der wenigen, noch auf un-serer Erde lebenden Verwandten der ansonsten seit 130 Millionen Jahren als ausgestorben geltenden Spezies der DINOSAURIER.

Internationale Beziehungen

Im Juni 1963 machte ein Sexskandal Schlagzeilen und erschütterte die Politszene Großbritanniens. Ein Callgirl namens Christine Keeler hatte sich an John Profumo – den britischen Verteidigungsminister – herangemacht und mit ihm ein Verhältnis gehabt. Daraufhin verlor Profumo natürlich seinen Posten. Aber er wäre wohl so oder so geschasst worden. Bald kam nämlich heraus, dass Christine nicht nur mit ihm verkehrt hatte, sondern auch mit dem Militärattaché der Sowjetbotschaft, Jewgenij Iwanow. Dann wurde aber auch noch ruchbar, dass es dieser Iwanow war, der nicht nur Christine Keeler, sondern auch noch zwei weitere Damen – die Tschechin Maria Nowotny und die Chinesin Suzy Chang – auf Profumo angesetzt hatte. Und zwar, um ihm die Geheimnisse der britischen Nuklearpolitik zu entlocken. Diese delikate Angelegenheit sorgte in den Frühsommertagen des Jahres 63 weltweit für Aufsehen. Deshalb konnte man davon ausgehen, dass sie auch bei einem Treffen zweier äußerst hoch gestellter Persönlichkeiten zur Sprache kam. Einer der beiden war der britische Premierminister Harold MacMillan, der wenig später selber in den Strudel der Ereignisse dieser Skandalgeschichte hineingerissen wurde. Es ist kaum anzunehmen, dass ihm sein Gast – den er im Übrigen im privaten Rahmen seines Hauses in Surrey empfing – mitgeteilt hat, dass auch er mit im selben Boot gesessen hatte. Doch ausgerechnet an dem Tag, an dem sich dieser Mann mit MacMillan traf, erschien in einer Zeitschrift ein Artikel mit noch mehr Details zu diesem Thema. Es wurde behauptet Maria Nowotny – das eine der Callgirls – hätte in London ausgesagt, dass Suzy Chang, die Dritte im Bunde, auch etwas mit einem Angehörigen der britischen Regierung „gehabt hätte". Später gab Maria Nowotny zu, sie selbst sei es gewesen, die einmal zu einer Sexparty eingeladen war, zu der sie auf Wunsch des Veranstalters als Krankenschwester verkleidet erscheinen musste. Auf Druck höchster Kreise wurde die Sache zwar in der Öffentlichkeit nicht weiter verbreitet. Doch trotzdem ist dann später einiges aus diesem Umfeld in den FBI-Akten des Jahres 1963 aufgetaucht. Und das gilt als Bestätigung dafür, dass es MacMillans Besucher war, der – nachdem er die Details des Profumo-Skandals erfuhr – sofort zum Telefonhörer griff und eine Nachrichtensperre verlangte.

Denn der Mann, dem die beiden international aktiven Callgirls Maria Nowotny und Susy Chang ebenfalls – wenn auch vor seinem Amtsantritt – zu Diensten gewesen sein sollen, war kein anderer als der spätere US-Präsident JOHN F. KENNEDY.